As vozes da minha cabeça

Labrador

© S. Ganeff, 2022
Todos os direitos desta edição reservados à Editora Labrador.

Coordenação editorial Pamela J. Oliveira
Assistência editorial Leticia Oliveira
Pprojeto gráfico, diagramação e capa Amanda Chagas
Preparação de texto Carla Sacrato
Revisão Lívia Lisboa
Imagem de capa Freepik; Pexels (Moose Photos); Unsplash (David Maie)

Dados Internacionais de Catalogação na Publicação (CIP)
Jéssica de Oliveira Molinari - CRB-8/9852

Ganeff, S.
  As vozes da minha cabeça / S. Ganeff.
  São Paulo : Labrador, 2022.
  208 p.

  ISBN 978-65-5625-301-5

  1. Literatura brasileira 2. Poesia brasileira 3. Crônicas brasileiras I. Título

22-6652 CDD B869

Índice para catálogo sistemático:
1. Literatura brasileira

2ª reimpressão – 2025

Labrador

Diretor-geral Daniel Pinsky
Rua Dr. José Elias, 520, sala 1
Alto da Lapa | 05083-030 | São Paulo | SP
editoralabrador.com.br | (11) 3641-7446
contato@editoralabrador.com.br

A reprodução de qualquer parte desta obra é ilegal e configura uma apropriação indevida dos direitos intelectuais e patrimoniais da autora. A editora não é responsável pelo conteúdo deste livro. A autora conhece os fatos narrados, pelos quais é responsável, assim como se responsabiliza pelos juízos emitidos.

para Dona Pepita,
Coração de Fúria,
Júlio, Cléo e Tonho:

Vozes da minha cabeça que
começaram com um sussurro,
se tornaram um murmúrio,
falaram comigo
e hoje gritam
meu eterno amor pelas letras.

para sempre, amarei vocês.

mas, principalmente,

para minha mãe,
prometo que
ainda me dedico ao meu diploma;
mas, antes,
eu preciso escrever.

"Alguns livros devem ser degustados,
outros são devorados,
apenas poucos são mastigados
e digeridos totalmente."

– Cornelia Funke, *Coração de Tinta*

Sumário

11 AS VOZES QUEREM FAZER UMA CONSIDERAÇÃO INICIAL

14 DEVANEIOS ULTRARROMÂNTICOS DE VOZES APAIXONADAS PELA IDEIA DE AMOR

17 E a Lua que se apaixonou por você
19 Alma gêmea
21 Não é que eu não te ame, é que eu tenho TDAH
24 E eu que nem fumo, te trago no peito
27 Eu admito
30 O amor que podia ter nascido
32 Aquela sensação de dia de festa
35 Ele cheira como lá fora depois da chuva
37 Eu me pergunto como seria se você me amasse
40 Você é o tipo de cara que a gente lê

42   HISTÓRIAS ABSURDAMENTE REAIS EM QUE O BOM-SENSO FOI ABAFADO PELAS VOZES

45   A gente também chegou aqui
54   Piromaníaca não, *VidaLoka*
67   Pão quase roubado recheado de um queijo quase pago
73   Militante da asma
78   Faltou bola no pé quando nasci
85   O pulo da janela
93   Botas ortopédicas patrocinadas pela Xuxa
98   O avião caiu
105   Encontrei na rua
109   A traição de Teddy
113   O tráfico dos bloquinhos do Kumon
120   Uma conta, um cartão, cinquenta reais e nenhum dinheiro
128   Tiens
134   Perdidas no mar
143   Escondidinho de milhões
147   Canibal e o menino da faca
163   Altão da Somália
168   Meu coração e o Moço do Violão

172 TUDO QUE AS VOZES JÁ DESEJARAM FORTEMENTE DIZER, MAS NUNCA DISSERAM. ATÉ AGORA

175 Desejo um dia
177 Vamos fazer alguns "não deveríamos estar fazendo isso"
179 Bora ver no que dá?
181 Shh, não fale nada
183 Anuncio meu amor a leilão
185 Oh, Doce Aventura, por favor nunca vá embora
187 Quero ser artista
189 Bora andar de bote inflável no Tietê?
192 Meu problema é que eu tenho fantásticas péssimas ideias
194 Minha mãe chora quando ouve a palavra saudade
197 Pague após o resultado
200 Caro futuro,

203 AGRADECIMENTOS

AS VOZES
QUEREM
FAZER UMA
CONSIDERAÇÃO
INICIAL

Caro Leitor,

Minha vida é uma piada, mas pelo menos você pode rir. E já que estou confessando isso, admito também que perdi totalmente o controle da situação (de todas as situações), as Vozes da Minha Cabeça estão *totalmente* no comando.
E está tudo bem.
(Ou não, mas a gente finge que está.)
Aproveitando que estamos nessa de falar a verdade absoluta, as Vozes da Minha Cabeça escreveram este livro.
Foi mais ou menos assim:
Com base em acontecimentos anteriores, descobrimos que, se eu te contasse tudo que está escrito aqui (as histórias, aventuras e devaneios) em uma conversa banal, você não acreditaria em mim. Voltaria para casa pensando em todos os absurdos que eu disse, me acharia completamente insana, me denunciaria para a polícia logo na manhã seguinte e a gente nunca mais se veria.
Eu permaneceria para sempre só; delirando com a mágica ideia de que um dia você ainda me ligaria, mesmo que fosse pelo telefone da cadeia.
Com medo dessa possibilidade (se repetir), em uma assembleia, nós (as Vozes e eu) decidimos

impulsivamente escrever todas as nossas histórias verdadeiramente mais malucas, nossos devaneios mais excêntricos e nossas vontades oprimidas, para você ler com as *Vozes da Sua Cabeça* e perceber que está tudo bem ser meio louco às vezes.

Tudo bem tomar decisões impulsivas.
Tudo bem só ter parente pirado.
Tudo bem ser uma pessoa absurdamente estranha.
Desde que você seja escritor.
Assim você pode fazer o uso direto da licença poética, do toque divino, da pegada artística e o mais importante: do mágico benefício da dúvida.

Portanto, seja muito bem-vindo, meu Caro Leitor.
As Vozes e eu estávamos à sua espera.

Saudações literárias,
com todo o nosso amor,
como sempre,

S. Ganeff
e as Vozes da Minha Cabeça.

que as Vozes estejam sempre com você

DEVANEIOS ULTRAR-ROMÂNTICOS

DE VOZES
APAIXONADAS
PELA
IDEIA DE
AMOR

E a Lua que se apaixonou por você

E a Lua que se apaixonou por você.
Pior é que é verdade, se apaixonou mesmo.
Olha só ela lá toda-toda, brilhando mais, chegando a ofuscar o brilho das estrelas só para se exibir para você.
Ela está até maior, parece até mais próxima. Deve estar fazendo de tudo para você olhá-la.
E para falar bem a verdade, não julgo, também já fiz o mesmo.
Ouvi dizer esses dias que o mar estava todo estranho. A Lua deve ter deixado de prestar atenção na maré para focar apenas em você. Vai me dizer que isso não é coisa típica de apaixonado?
O céu ficou mais limpo, nenhuma nuvem tem coragem de entrar na frente da Lua tirando você da visão dela. Já as estrelas são diferentes. Se você reparar, vai ver perfeitamente que, quando

você olha para elas, elas piscam, umas por inveja, outras desejando um bom amor.

Ah, mas ela está completamente apaixonada, já reparou como nas últimas noites ela estava mais amarelada? Ela se bronzeou, tomou até um sol para ficar mais bonita para te ver.

Meu Deus, a Lua tomou sol por você.

Do jeito que a coisa está, eu não me surpreenderia de vê-la brilhando em plena luz do dia, é difícil se contentar com a sua presença só à noite.

Quem diria?

Por essa eu não esperava.

Contei tantas histórias sobre você que agora até a Lua está apaixonada.

Alma gêmea

Eu me apaixonei pela ideia de alma gêmea. E vai me dizer que você não? Não deixaria tudo muito mais fácil? Um amor que perdurou vidas, séculos, milênios para te encontrar na fila de um Starbucks em uma terça-feira chuvosa.

Um amor que traga, nos lábios, resquícios de um soldado ferido na guerra e bem tratado na enfermaria; que te abraçou mais forte quando soube que a Pangeia se partira e foi o primeiro a descobrir com quantos paus se faz uma canoa, para te encontrar do outro lado.

Que no toque te incendeie com a mesma surpresa dos anjos ao descobrirem que, afinal, um coração tinha a mágica capacidade de se entrelaçar fortemente ao outro.

Sendo a maior prova o brilho do olhar, igualzinho ao da chama da primeira fogueira que vocês acenderam na caverna debaixo da ribanceira.

Um amor que carregue o gosto de centenas de histórias nos lábios, o cheiro de romances rebeldes na ponta dos dedos e a faísca de uma mesma paixão eterna nos olhos.

Que te consuma como um aspirante a artista em museu. Que sinta com intensidade cada obra, que vibre com o óleo sobre tela e saiba que, um dia, foi ele quem pintou um daqueles quadros que hoje tem um de seus retratos como musa.

Um amor que te beijou embaixo do poste quando criaram a primeira luz elétrica, que te carregou no bolso quando Levi criou a calça jeans e continua sendo o mesmo parceiro de crime de quando vocês eram Bonnie e Clyde.

Com o toque tão quente quanto o sol do deserto, te faça lembrar de todas as vidas emaranhadas quando pega na sua mão. E no mesmo segundo sua pele se arrepia ao ter a certeza de que, mais uma vez, em mais uma vida, você pode se enroscar a um amor verdadeiro.

Que quando o amar não foi suficiente para fazê-lo ficar ao seu lado com o mesmo rosto por toda a eternidade, se foi com a promessa de que, em toda vida, enquanto o seu espírito habitasse a face dessa Terra, te encontraria.

Um amor que não apenas escolha te adorar mesmo de mau humor, mas sim um amor que caia de joelhos, agradecendo que o "felizes para sempre", mais uma vez, tem a cor da sua alma.

Não é que eu não te ame, é que eu tenho TDAH

Peço desculpas, minha mente é uma bagunça maior do que a zona do meu guarda-roupa; inclusive você já me disse incontáveis vezes que, com certeza, tem alguma coisa vivendo lá dentro.

Eu confesso que sou sim mentalmente instável e que não sou exatamente a melhor pessoa par...

Calma.

Esqueci o que eu ia falar.

Perdi a linha de raciocínio, mas o ponto é mais ou menos esse.

Desculpa por não conseguir terminar minhas frases, meus textos faltam palavras (frases e até parágrafos); e me dá aquele reboliço quando você demora demais para contar uma história, mas é 100% TDAH isso.

Por exemplo, eu não lembro de como se escreve o seu sobrenome. Não sei direito se é com dois *Ns* ou com dois *Ls*, mas posso descrever exatamente como você puxou da sua mãe uma pequena mancha dourada na íris escura do olho direito e, do seu pai, a sombra de covinha no canto da sua boca — que só aparece quando você termina de sorrir.

Não sei com o que você trabalha, apesar de você já ter me dito, explicado e até desenhado. Mas sei perfeitamente como, na segunda-feira passada, às 17h34, o seu rosto se iluminou quando você me contou uma história sobre um livro que você lia, seus lábios ficaram mais vermelhos e até o sol que estava se pondo parou de rodar para observar a cena comigo.

Também não faço a menor ideia do seu endereço, apesar de já ter ido para a sua casa quinhentas vezes. Mas decorei como tem que virar a esquina quando chega naquela padaria que você diz ser a melhor da cidade. E vira e mexe você aparece com uma torta de morango, cujo último pedaço você faz questão de comer, soltando uma gargalhada depois de colocar tudo na boca, tal qual uma criança fazendo arte.

Como foi que eu perdi meu prato rosa, como meu saco de lixo foi parar no corredor do segundo andar e para onde foi aquela blusa preta que eu tanto gosto permanecem um mistério para mim, mas posso afirmar com toda a certeza que eu sei o seu rosto inteiro de cor, como sua voz soa quando acorda e quais músicas cantarola quando acha que não tem ninguém ouvindo.

    A nossa sorte, meu amor, é que a desatenção do TDAH fica só no cérebro. O coração já está apaixonado demais para esquecer qualquer detalhe seu.

E eu que nem fumo, te trago no peito

    Nunca vi alguém tão louco por tabaco quanto você, que ama com ferocidade cada bituca e me faz até sentir ciúmes do maço de cigarro que você leva para todo lado no bolso.
    Queria que no momento que me colocasse na sua boca e me apertasse com força contra os seus lábios, puxasse de mim toda a toxina, química nuclear, tabaco, entre tantas outras coisas boas, para dentro de você, sem medo do que pudesse causar, sem se preocupar com a tosse que te perseguiria.
    E eu, te dominando por completo por dentro, fosse direto para o seu peito, dando uma passadinha rápida por uma artéria ou outra, mas desaguando no seu pulmão que, agora, já está mais que comprometido.
    Queria que, mesmo assim, mesmo sabendo de todos os males escritos na embalagem, você se

deixasse levar pelo prazer do momento e pela sensação única de satisfação completa.

Fechasse os olhos e, com toda a calma do mundo, jogasse para fora da sua boca a leve fumaça branca que se dissipa com o vento para a noite fria de outono, deixando como último registro de presença um sorriso satisfeito nos lábios, riso muito bem apreciado pelas estrelas que já viram essa mesma cena uma dezena de vezes.

E, sem pensar muito, aproximasse a mão mais uma vez para perto da boca e repetisse o processo como o belo europeu que é, me tragando sem pressa, me sentindo arder devagar contra os seus dedos.

Só que eu não tenho uma embalagem para te alertar do que eu posso ou não causar, não tenho uma lista completa de efeitos colaterais, não venho em *packs* de oito e nós dois sabemos que muitas palavras podem me definir, menos arder com calma.

Mas como eu já disse antes, se até os anjos se deixaram levar por um cigarro clandestino, como é que um mero mortal como você pode recusar uma oferta tão bem legalizada?

E talvez seja isso que te assuste, a falta de alertas específicos, quais males trago à sua saúde e as minhas substâncias químicas que você ainda não conhece muito bem.

Ou, talvez, você se preocupe em colocar em risco mais órgãos vitais e apenas o rim te mantenha vivo, já que o pulmão é dominado pelo tabaco, e o coração e cérebro já têm o meu nome encravado.

Parte de você deve saber que esconder o cheiro de cigarro da sua mãe é muito mais fácil do que encobrir o trajeto dos meus beijos. E isso é assustador porque, bom, como explicar a ela que você, além de fumante, é agora apaixonado?

Pode ser que você tenha medo de se viciar ou que surja aquele medo de que eu não me vicie em você como você se viciou em mim.

Mas, em qualquer que seja o caso, baby, saiba que eu, que nem fumo, te trago no peito.

Eu admito

A verdade? A verdade é que eu admito sim.

Admito que procurei tudo sobre você, vi todas as suas fotos do Instagram e decorei as legendas. Vi todos os seus amigos no Facebook e vi detalhadamente o perfil de cada um deles.

Coloquei seu nome no Google tantas vezes que, quando digito a primeira letra, você já aparece como sugestão.

Admito que descobri tudo sobre sua família também. Sei que sua mãe trabalha em uma loja de cosméticos e seu pai é engenheiro.

E, sim, admito que já pensei muito nessa informação para iniciar uma conversa.

Admito que sei o nome do seu cachorro — Bile —, a raça — Golden Retriever —, a bolinha favorita — aquela vermelha com linhas amarelas — e a marca do biscoitinho que ele gosta — o da embalagem azul que contém cerca de vinte e cinco palitinhos brancos.

Culpe as postagens da sua irmã por isso.

Eu admito que todas as vezes que cruzei com você e disse "nossa, que coincidência" era mentira. Tinha visto onde você estava e corri para lá, me arrumando no caminho e passando aquele perfume que você já tuitou dizendo que é o seu favorito.

Confesso que fico te olhando e você não percebe.

Te olho tanto que decorei a marca do seu sorriso na bochecha, exatamente onde nasce a sua covinha, a sua pinta bem embaixo do queixo e como você morde os lábios, deixando uma marquinha branca na parte rosada.

Admito que já brinquei com seu sobrenome. Disse que a gente namorava para a moça do caixa do supermercado na esquina da sua casa, passei uma semana inteira usando azul porque você disse para o seu amigo na fila do almoço que era sua cor favorita e procurei na internet onde você comprou essa pulseira que usa no braço esquerdo.

Me imaginei usando seus moletons, brincando com seus cachos, deitada ao seu lado. E já passei dias tentando descobrir qual música você sempre canta no chuveiro.

Admito também que hoje, quando você me encontrou na porta do seu prédio, e eu disse que estava lá para ver um amigo, menti. Estava parada tentando decifrar qual era seu andar pela luz que viria do seu quarto.

Admito que essa não foi a primeira vez.

Admito que fico esperando você algum dia me dizer tudo o que sente e se declarar para mim, de joelhos, com um único girassol na mão.

Admito que sou uma bagunça.

Admito que sou levada pela loucura.

Mas admito, antes de tudo, que foi em nome do amor. Meu cupido entrou de férias e eu tive que tomar as providências por conta própria.

Agora, é sua vez de admitir que já sabia de tudo e que, mesmo desconfiando da falta de neurônios e da loucura crônica, gostava de não saber qual seria meu próximo passo.

O amor que podia ter nascido

Assim que o par de olhos dele cruzou com os meus, o bar barulhento, com meus amigos rindo o diafragma para fora, caiu no silêncio.

De moletom cinza, calça jeans, relógio de fita de couro no pulso, cabelo bagunçado, me perguntei como seria se ele abandonasse a mesa da frente e se sentasse ao meu lado.

Assim de repente.

Será que de tão de repente meu coração não o sentiria?

Impossível.

De tão de repente, meu coração já se apaixonaria.

Ele passou seus olhos rapidamente pelos meus, mas, nesses poucos segundos, me perguntei como seria se ele segurasse o olhar. Como seria se, para ele, nada mais tivesse importância. Como seria se as batidas cardíacas se acelerassem com a simples ideia de sentir o gosto do meu beijo?

O que aconteceria se ele descobrisse que não havia mais necessidade de mendigar atenção de pessoas passageiras, se soubesse que eu estava lá para olhá-lo a noite inteira?

Observando como sua boca curvava quando sorria, imaginei se os nossos santos bateriam. Vendo seus lábios se mexerem rápido, conforme as palavras saíam com naturalidade, imaginava que, com sorte, o fogo dos meus olhos queimaria o seu peito, indicando a minha presença quente no ar frio.

Qual será o cheiro que ele deixa na roupa? Talvez se eu me inclinasse, conseguiria ouvi-lo conversando, e distinguiria sua voz. E quando soubesse, sentiria o veludo em minha pele, prometendo, a cada pinta, um amor tão solene quanto a coroação de um novo rei.

A cada gole do drink, a lua cochichava para as estrelas como seria o nosso futuro, se um de nós tivesse coragem de falar com o outro.

Nos primeiros raios de sol, a lua ficou com dó do meu pobre coração oferecido e decidiu contar, o mais rápido que podia antes da sua morte, como seria se ele me amasse. Consegui ouvir seu breve suspiro, buscando as palavras certas, quando o sol decidiu me dar o benefício da dúvida, deixando, assim, minha cabeça rodar pela eternidade sobre o par de olhos que poderia ter me visto, e meu coração guardar, como verdadeiro, um amor que poderia ter nascido.

Aquela sensação de dia de festa

    Você é como aquela sensação de um dia de festa, quando eu já acordo de manhã, pensando na noite. Quando eu não consegui dormir direito pois passei a madrugada acordada, pensando nas surpresas que a noite seguinte me traria.
    Imaginando as músicas que dançaria, como me divertiria, em como o brilho das luzes neon entrariam em perfeita harmonia com o brilho das suas pupilas e você sorriria, ao me assistir girar pela pista de dança.
    Você é aquela sensação de quando a ansiedade não me deixou dormir e tomo o café da manhã já calculando a que horas vou cochilar para ficar bem para a noite.
    É aquela auspiciosa ansiedade que não sai do meu peito e invade a minha cabeça, não me deixando fazer nada o dia inteiro. Que não me dá

coragem de fazer almoço, por medo de me atrasar lavando a louça do jantar — apesar de isso não fazer o menor sentido.

Então eu passo o dia inteiro fazendo de tudo para que as horas passem mais rápido; me ocupando com o que posso, com o pensamento constante na roupa com a qual vou te encontrar, no sapato que vou usar, qual a bolsa que combina, que maquiagem me favorece, o que eu vou comer para não ficar com a barriga inchada (mas não passar mal quando a bebida bater).

A poucas horas da festa, a sensação fica mais forte, dominando o meu corpo inteiro, acelerando o meu coração, soltando borboletas no meu estômago e eu sem conseguir acreditar que finalmente a hora de me arrumar chegou.

Capricho no banho, coloco meu melhor vestido, passo perfume em pontos estratégicos e vou fazendo preces, baixinho, para a noite ser tudo que promete.

Eu chego ao seu encontro, te olho de cima a baixo e a noite começa.

E então a sensação vai embora e, ao meu encontro, vêm duas opções, mas apenas uma certeza:

Ou a festa é ainda melhor do que eu esperava e toda a ansiosa tortura que me cercou o dia inteiro valeu a pena, e eu tenho a melhor noite da minha vida, com as estrelas desejando um dia terem a minha sorte.

Ou eu olho para a lua sozinha e ela me conta o segredo que, na verdade, o melhor da festa é esperar por ela.

E, de repente, fico com saudades do sentimento da manhã.

Ele cheira como lá fora depois da chuva

Ele cheira como lá fora depois da chuva, quando as gotas fortes já foram embora e só sobrou uma garoa tão tímida que nem deveria ser chamada de garoa.

O asfalto ainda está molhado, algumas poças presentes aqui e ali e a água escorre rapidamente alternando seus beijos na lateral da calçada e no fim da rua.

Ele é exatamente assim. É aquela sensação que todo mundo já teve, todo mundo conhece, todo mundo sentiu; mas nunca por muito tempo.

Quando o temporal acaba e você não sabe direito se fica em casa ou sai; se usa o guarda-chuva como escudo ou o para-brisa como proteção. Mas no fundo você sabe que ninguém arma uma barraca na grama molhada, sentindo as pequenas gotas caírem no rosto.

Ele traz sim uma sensação boa. Toda vez. Seu sorriso tímido e olhos brilhantes são sempre a alegria da festa, a risada no funeral, a garoa tímida após o dilúvio.

Todo mundo se fascina pela chuva, ninguém sabe exatamente o porquê ou como, mas no momento em que se ouve a água escorrendo pela janela ou a luz veloz de um raio, acendendo a última faísca de admiração, sorri, enquanto o chão treme com o barulho. Ficamos todos assim, parados, fascinados demais para nos movermos, eletrizados demais para ficarmos quietos.

O único problema é que ninguém quer ficar molhado.

Muito menos ensopado tão lentamente com ele. Naquela sua típica garoa eterna, que é fria e insuficientemente úmida.

Ninguém quer sentir a umidade do asfalto, enfiar o pé na poça ou deixar que a chuva caia sem pressa.

Mas eu... eu sempre gostei da chuva. E tenho certeza de que parte dele sabe que o cheiro lá de fora depois do temporal é o melhor perfume do mundo.

Justamente por ser pouco apreciado.

Eu me pergunto como seria se você me amasse

Não sei exatamente o porquê, talvez seja alguma luz no seu olhar, ou talvez o jeito que você olha, mas eu fico imaginando como seria o amor junto ao seu nome.

Será que você me mandaria mensagem de *bom dia* todos os dias? Será que no meio da madrugada, enquanto você luta para dormir, você sentaria e escreveria alguma coisa para eu ler no dia seguinte, algo como *você fica bem de azul* ou quem sabe *gostei de ouvir sua risada hoje?*

Você não tem cara de ser muito de declarações de amor, muito menos meloso, mas eu me pergunto se, amando, isso mudaria.

Talvez eu esteja indo longe demais. Pode ser que eu tenha visto muitos filmes e lido muitos livros ultrarromânticos, mesmo assim, não deixo de pensar se você seria o tipo de cara que não tem medo de mostrar o que sente por mim na frente dos amigos. Do tipo que, apesar de estar com a galera, toda vez que pode, me dá um beijinho no rosto como se nada importasse, com a maior naturalidade do mundo. Como se me amar fosse tão natural quanto respirar.

Será que a gente teria conversas filosóficas durante o café da manhã para dar ao novo dia um toque místico? E à noite teríamos um bate-papo que se estenderia madrugada adentro, dando risadas leves, sendo a única coisa profunda as nossas olheiras?

Será que você brincaria com as mechas do meu cabelo? Eu sei que soa muito ridículo falar assim, mas é realmente genuíno, você brincaria? Às vezes, no meio de uma conversa, ou talvez vendo um filme, você pegaria uma mecha pequena e ficaria brincando de enrolar as pontas nos seus dedos, observando a cor em contraste com a sua unha, deixando-se levar por mil e um pensamentos diferentes, mas sem dizer uma palavra e, quando eu te perguntasse: *o que foi?*, você balançaria a cabeça e abriria um meio sorriso como quem diz: *nada...*

Você colocaria a mão na minha perna enquanto dirige, se perderia no meio da frase para ficar me olhando, sentiria o coração mais acelerado quando eu chegasse e mais apertado quando fosse embora?

Será que você seria o tipo de cara que teria orgulho de ser visto comigo ou só assumiria alguma coisa se eu te colocasse contra a parede?

Talvez na verdade essa seja a pergunta: você teria coragem de me amar?

Seria o tipo de cara que assume quem ama e ponto? Que fala *a minha namorada* com orgulho misturado na voz?

Que me apresenta, sorrindo, para os amigos que vão balançar a cabeça e murmurar um *prazer* (fingindo que não sabem nada sobre mim quando, na verdade, já ouviram todas as histórias)?

É, acho que o amor nunca foi para medrosos.

Por isso que a gente está aqui.

Eu escrevendo sobre como eu imagino o que poderia ter sido às oito da manhã, quando deveria estar estudando.

E você lá, em algum canto dessa cidade, tentando esquecer do meu cheiro e se afogando no perfume de outra.

Você é o tipo de cara que a gente lê

Você me lembra um típico personagem principal de livros. Aquele que todos os outros personagens acham estranho ou ordinário demais, embora para o leitor, e apenas para o leitor, seja intrigante de uma maneira simples, usa jaqueta jeans e tem um diário.

Parece que não foi tão bem-sucedido aos olhos dos outros personagens, mas o leitor sabe como você, no final da história, conquistou o que sempre quis. Tem a coragem que sempre almejou e se tornou o que mais desejou.

E agora traz, no peito, metáforas como amuletos e a cada letra do nome possui restos de sonhos inalcançáveis.

Você é o tipo que ainda vai viver muitas aventuras ao longo dos capítulos, levando o coração do fiel leitor. Do tipo que luta com dragões, rouba raios e fica com a princesa. Que empunha uma espada como se não pesasse nada, mas que, apesar de ter um arqui-inimigo, não tem coragem de matá-lo. "Um coração grande demais para matar um maior ainda", diz o narrador.

Você é o personagem principal que está, mesmo que pouco, em cada estante, dividindo espaço com os grandiosos, espalhando amor em forma de sílabas.

Aquele que cativa tanto o leitor que continua presente mesmo depois que o livro acaba. Que deixa aquela frase estampada no cérebro do leitor e faz com que se deseje tatuá-la na testa só para ler toda vez que se olha no espelho.

Tem aquela estética de ator de Hollywood perdido na vida, poeticamente sem rumo. Tem o mundo na palma da mão e arranca suspiros com um único olhar.

Solta palavras encantadoras, conta histórias que não parecem muito reais e promete não sair do seu lado nunca.

Parece que foi feito para nunca ser real, para nunca ser amado de verdade, para buscar eternamente pelo amor, para só fazer com que corações se apaixonem em silêncio e nunca expressem o que sentem a cada batida.

O tipo de cara sobre o qual a gente nunca se cansa de ler. Ou, no meu caso, de escrever.

HISTÓRIAS ABSURDA-MENTE REAIS

EM QUE O
BOM-SENSO
FOI
ABAFADO
PELAS
VOZES

A gente também chegou aqui

Ah... Riviera de São Lourenço. O lugar onde a elite paulista e sua órbita habitam no período de férias. O oásis para quem tem uma vida corrida na capital e precisa de uma "prainha humilde" para aliviar o mundano estresse de quem sofre de terno na Faria Lima.

Caro Leitor, a Riviera de São Lourenço é a Mykonos paulista. Mas em uma versão de prédios altos com as mais novas tecnologias e uma areia suja de champanhe e queijo suíço.

A cada quinze dias, eu e Pai Engenheiro descíamos a serra e passávamos o fim de semana na adorada Riviera, andando de bicicleta à beira-mar durante o pôr do sol, nadando na piscina de tarde e aproveitando o sol matinal com os pés na areia.

Quando tinha uns seis anos, estava sentada na praia me deliciando com um milho cozido caprichado na manteiga quando o Pai Engenheiro disse subitamente com o ar de quem revela um segredo:

— Olha o barco...

Lá em alto mar, quase onde os olhos não veem, um grande barco branco navegava sutilmente pelos mares. Ele flutuava no azul marítimo com tal facilidade que nem as mais corajosas ondas ousavam se aproximar.

Eu, em minha inocência de seis anos de idade, não dei muita atenção e voltei a comer meu milho que, cá entre nós, era muito mais interessante. Mas Pai Engenheiro já tinha tido uma ideia. Ele havia dado atenção às Vozes de sua cabeça.

— Quero ir até lá — ele disse, perdido em seus pensamentos, quase em debate com as Vozes de sua cabeça, em uma estratégia para realizar tal desejo.

Pai Engenheiro, com atenção devota ao barco branco, esperou com a maior calma do mundo eu terminar de comer o meu milho. Ele, sem mais delongas, enquanto pegava nossos pertences, disse que voltaríamos ao apartamento.

Eu fiz que sim enquanto calçava o meu chinelo. Não entendi direito qual era a dele, mas estava tão satisfeita com o milho que aceitava qualquer coisa.

Caminhamos em silêncio. Pedi para ir para a piscina, mas ele disse que não. Pai Engenheiro tinha outro plano. As Vozes da cabeça dele já tinham reservado para nós outro destino.

Assim que abriu a porta do apartamento, Pai Engenheiro jogou a bolsa de praia em cima da mesa de jantar e me deu ordens estritas. Eu não deveria me trocar. Ele disse para eu colocar uma camiseta dele e passar protetor solar em todo o meu corpo. Disse para passar muito do nosso único protetor, o *Sundown FPS 100*, enquanto ele entrava no quartinho atrás da cozinha em puro desespero.

Fiz o que ele pediu. A camiseta preta tinha ficado gigante no meu corpo de criança e meu rosto estava completamente lambuzado de protetor solar. Olhava para o espelho tentando espalhar o creme branco quando o Pai Engenheiro saiu da cozinha com dois coletes salva-vidas no braço esquerdo e uma caixa grande de papelão no direito. Seus olhos brilhavam loucamente como se ele houvesse achado ouro em Minas.

— Vem, desce comigo — ele disse, eufórico, abrindo a porta e chamando o elevador.

Fomos até o porteiro. Pai Engenheiro abriu a caixa com a delicadeza de uma mãe cuidando de seu bebê. Seus olhos brilhavam como nunca, enquanto seus dedos cuidadosamente retiravam da caixa um material emborrachado, no mínimo, estranho.

Eu e seu Paulo, o porteiro, olhávamos para ele confusos. Preocupados secretamente por onde as Vozes da cabeça do Pai Engenheiro teriam o levado.

Carinhosamente, Pai Engenheiro retira da caixa o material emborrachado que possuía cor azul anil e amarelo canário. Suas mãos viajam com amor, desamassando o precioso conteúdo. Segurando um pequeno pino branco, Pai Engenheiro entrega-o na mão de seu Paulo, como se sua vida dependesse disso, e fala, com um sorriso literalmente de orelha a orelha:

— Enche para mim por favor, seu Paulo?

Seu Paulo virou a cabeça. Pegou o material pelo pininho e olhou para o Pai Engenheiro com os olhos dizendo tudo que a boca não tinha coragem de perguntar. Pegando o compressor em silêncio, seu Paulo começou a colocar ar.

Pai Engenheiro me examinou de cima a baixo.

— Passou bastante protetor?

— Passei.

Ele olhou para a camiseta e fez que sim com a cabeça.

— Fica de olho aqui, tá? Vou subir, mas já volto.

Balancei a cabeça em resposta.

Ele já estava de saída quando voltou e disse:

— Me dá os seus chinelos.

Tirei-os do pé e os entreguei.

Pai Engenheiro subiu e eu fiquei olhando o material azul e amarelo ganhar forma, descalça, ensebada de *Sundown FPS 100* e com uma camiseta muitos números maior do que eu.

Quando Pai Engenheiro voltou, já estava quase cheio.

— Mas que beleza! — ele disse, batendo palma.

Pai Engenheiro sorria alegremente. Seu Paulo levou um susto tão grande quando o viu, que quase soltou o compressor. Pai Engenheiro estava inteiramente branco, com o rosto pintado minuciosamente de protetor solar e cada milímetro do corpo coberto com o creme branco. Até as unhas de seu pé descalço.

Pai Engenheiro é o tipo de cara que passa protetor solar dentro da orelha e na pálpebra, afirmando que queima e fica ardendo.

De camiseta branca, *shorts* vermelho e sorriso estampado no rosto, observava a forma que seu precioso material havia ganho, com a mesma apreciação de quem vê o nascimento de um filho.

— Olha o que eu achei! — disse sorrindo, mostrando-me dois remos.

Me voltei para seu Paulo que, agora, colocava o pininho com cuidado.

Um bote.

Um bote de borracha amarelo canário e azul anil, tão pequeno que não caberiam duas pessoas. Olhei para o Pai Engenheiro que é extremamente alto.

— Tá ótimo! Muito obrigado, seu Paulo. Agora eu e essa menina aqui vamos para o mar!

Seu Paulo deu um sorriso sem querer questionar a loucura dos outros.

Cada um tem as Vozes que merece.

Pai Engenheiro pegou o bote infalivelmente inflável e o colocou sobre a cabeça.

— Leva os remos e os coletes — ele disse sem me olhar.

E assim caminhamos até a praia.

Ele, pintado inteiramente de branco, fazendo com que os raios de sol batessem e voltassem, levando um bote inflável na cabeça; e eu, com seis anos, segurando dois remos muito maiores e vestindo os dois coletes salva-vidas que eram claramente grandes demais, andando atrás.

Atravessamos a areia e chegamos à beira d'água sem nos importarmos com os olhares torcidos da elite paulista. Pai Engenheiro colocou o bote na água e olhou para o horizonte.

Ele — e suas Vozes — calculavam em consenso a distância até o barco.

Me colocou em uma ponta do bote e entrou na outra. Mas, como eu disse, não havia espaço para nós dois. Pai Engenheiro abriu suas duas pernas compridas, esticando-as para cima do bote, com os pés suspensos para fora.

Ele tirou o colete verde de mim e o vestiu.

— *Vam'bora!*

E se pôs a remar.

No começo da trajetória, Pai Engenheiro remava rápido, entusiasmado com a aventura. Passados quinze minutos, o ritmo foi diminuindo em uma perfeita progressão aritmética.

O sol forte batia em nós sem trégua. Pai Engenheiro olhava para cima como se pedisse misericórdia, enquanto passava a palma da mão na testa, limpando as gotas de suor que escorriam brancas pelo seu rosto.

Mas, quando pensava em desistir, Pai Engenheiro lembrava de seu verdadeiro objetivo.

Eu, encolhida na ponta do bote, ficava pensando que horas o pezão do Pai Engenheiro acertaria o meu rosto. Imaginei como sobreviveríamos à deriva quando a água salgada intoxicasse meus rins e tivesse que sobreviver à base de peixe.

Mas a maré queria ver até onde chegaríamos, queria saber até onde o Pai Engenheiro remaria. As ondas estavam leves e a corrente estava a nosso favor, mas o sol nos castigava. Estava tão quente que o protetor solar derretido no rosto do Pai Engenheiro parecia mais uma premonição de que eu seria a próxima.

— Eu disse que tinha que passar protetor. Já estaria mais vermelho que um camarão! Que um camarão! — ele dizia, enquanto lutava contra o suor.

Depois de um longo período, alcançamos o imenso e magnífico barco.

Ou melhor, iate.

Era tão grande que nos fazia questionar como estava flutuando. Na parte de trás tinha um pequeno deque, mas a varanda no terceiro andar nos deixava a certeza de que o pequeno deque era a parte mais simples. Do topo, uma fumaça pairava no céu azul com um divino cheiro de churrasco digno de deuses.

Os olhos do Pai Engenheiro viajaram pelo iate sem pressa. Sua atenção corria de alto a baixo sem deixar nenhum detalhe de fora. Fotografando a cena com a mente.

Ele abre um sorriso e limpa o suor do rosto. Sua respiração volta ao normal, seu peito para de subir e descer com pressa e seu rosto refletia a paz de quem alcança o Nirvana.

— O bicho é grande, hein? — disse em um suspiro.

Eu me viro para onde ele tanto olha e espremo os olhos. Quantos botes infláveis será que precisa para formar um daqueles?

Pai Engenheiro, em conforme com suas observações, me narra com veracidade quantos quartos deve ter, como é o banheiro, as duas cozinhas... todas as conclusões que se pode tirar de quem observa o iate de um bote inflável.

Ele ainda esperou, admirando, mais alguns segundos em silêncio, antes de começar a gritar:

— Ei! Eei! Eei!

Um jovem apareceu no terceiro andar do iate. De óculos escuros, taça de champanhe na mão e um pratinho de queijo suíço, claramente não comprado em qualquer mercado, abaixou a cabeça e olhou para nós dois no bote inflável.

— Oi! — respondeu com surpresa em sua voz.

O jovem tirou os óculos como se quisesse ter certeza de que seus olhos não o enganavam.

Pai Engenheiro sorriu alegremente:

— A gente também chegou aqui! — disse em meio a uma gargalhada.

O homem balançou a cabeça.

— O quê?

— A gente — Pai Engenheiro aponta para nós dois — também chegou aqui! No mesmo lugar que você!

Pai Engenheiro volta a cair na gargalhada histérica enquanto mais pessoas se aglomeravam no deque do iate para apreciar a cena.

Quando sua risada se acalmou e as pessoas do iate tinham coisas melhores a fazer do que ver um bote inflável azul anil e amarelo canário em alto mar, Pai Engenheiro voltou a remar para a costa, satisfeito com a missão cumprida.

Leitor, essa foi a primeira vez, mas essa cena se repetiu incontáveis vezes, até o momento em que seu Paulo se cansou de inflar o bote.

Eu ficava com medo do meu futuro quando via um barco no mar, porém o Pai Engenheiro cumpriu sua missão e acabou por vencer a lei da física em que dois corpos não ocupam o mesmo espaço.

O bote azul anil e amarelo canário ficou pequeno demais para nossas aventuras e, hoje, se eu vejo um iate em alto-mar, quase tão longe que não se vê, tenho a certeza de que posso sim chegar ao mesmo lugar que ele. Mesmo que seja de bote inflável.

Piromaníaca não, VidaLoka

Se, na história da humanidade, houve um ano sombrio, esse ano com certeza foi 2013. Nenhuma guerra, nenhuma tragédia nuclear, nenhuma pandemia se comparam com as atrocidades cometidas pelo ano de 2013.

A moda foi esquartejada, *One Direction* lança *Midnight Memories*, o Papa renuncia, condenados no Mensalão se entregam à Polícia Federal, a Guerra na Síria explode, sobe a hashtag #VidaLoka.

Esse é o pior.

Se você estava vivo nessa época, certamente se lembra bem da já falecida hashtag *#VidaLoka*. O propósito da criação dela eu não sei dizer, meu Caro Leitor, mas sei que em minha juventude rebelde de onze anos, criada com pera e Toddy, eu acreditava piamente que ninguém era mais *VidaLoka* do que eu.

Por quê?

Porque, meu Caro Leitor, aos onze anos nós somos perfeitos idiotas. E eu era uma tapada.

Foi no carnaval do mesmo ano que eu provei meu valor *lokístico*. Mãe Bióloga queria inovar. Ela queria que fôssemos passar os dias do feriado em um lugar inusitado. Um verdadeiro eco-refúgio para quem vive na selva de pedra de São Paulo.

Mãe Bióloga, amante da natureza, decidiu que nós três — eu, ela e Menino Máximo — iríamos para um eco-oásis. Um hotel eco-sustentável no meio da Mata Atlântica.

O então novo eco-hotel partia do princípio de que precisávamos nos desligar das toxidades do mundo moderno. Não tinha wi-fi, não pegava telefone, o carro chegava a apenas uma parte da estrada por conta da mata fechada e todas as atividades eram restritas ao eco-contato com a mãe natureza.

No meio-tempo, os hóspedes podiam andar a cavalo, nadar nas cachoeiras, entrar na piscina de pedra, andar de caiaque no lago, explorar a mata com os tios... o tipo de coisa que os biólogos adoram e nós, meros mortais, classificamos como "*maneirinho*".

Estávamos hospedados em um chalé inteiramente de madeira localizado dentro (*mesmo*) da Mata Atlântica. Nas profundezas verdes de verdade, sem exagero. Do nível que tinha que tomar cuidado na hora de sair e entrar para não se perder para sempre no meio da mata.

Os chalés ficavam isolados da recepção e isolados uns dos outros, tendo, como cúmplice, apenas o outro eco-vizinho de porta. Para chegar lá embaixo onde era a recepção demorava pelo menos dez minutos de caminhada. Era uma caminhada agradável, eco-contato com a eco-natureza eco--caçando os outros eco-chalés...

Justamente em um dos eco-passeios a cavalo, onde eu renunciava ao meu medo pelos bichos, soltei um "eu sou *VidaLoka*" em legítima defesa.

O animal era grande demais, eu estava com medo demais e não queria passar nenhuma outra vergonha a mais.

— Que *VidaLoka* o que, menina? — um dos monitores disse, debochado — você não é *VidaLoka* nada.

Nunca na vida que eu aceitaria ouvir isso calada.

— Sou sim — disse, estufando o peito.

— *VidaLoka* sou eu que pegava trem, pulando dentro dele, segurava na traseira do ônibus e ia de skate... isso sim é *VidaLoka* de verdade.

Não respondi a ele, apenas assenti. Não tinha muito o que discutir, vou falar o que? "Não, *VidaLoka* sou eu que ainda brinco de Barbie com a minha mãe, apesar de estar velha demais para isso?"

Segurei meu colar com pingente de bigode, olhei para minhas calças *SUPER skinny* e para minha camiseta neon, segurando o choro.

Na calada da noite desse mesmo dia, Mãe Bióloga, Menino Máximo e eu nos aglomerávamos em nossa eco-residência, jogando War, entediados com tanto *eco*.

Não me entenda mal, Caro Leitor, somos todos amantes da natureza, mas quero ver você ficar trancafiado por um feriado inteiro só com mato, uma bióloga e um monitor que se diz "VidaLoka".

Qualquer um surta. Menino Máximo e eu estávamos quase nos eco-afogando na eco-piscina.

Eu olhei, curiosa, para a lareira ao lado da porta. O buraco era envidraçado, evitando o contato dos hóspedes com as chamas.

— Como será que acende? — perguntei casualmente.

Mãe Bióloga e Menino Máximo se voltaram para onde eu olhava, sem dar muita bola.

— Tem que ligar para a recepção — Menino Máximo disse, chacoalhando os dados. — Eles acendem por fora.

Mãe Bióloga e eu trocamos um olhar silencioso. Nós temos essa mágica capacidade de nos comunicarmos por telepatia.

As Vozes da Minha Cabeça jogaram a bola. As Vozes da cabeça dela rebateram.

— Vamos acender? — perguntei.

— Pelo amor de Deus! Baita calor! — Menino Máximo respondeu.

— A gente liga o ventilador — respondeu Mãe Bióloga, levantando-se para ligá-lo.

Disquei para a recepção, enquanto Menino Máximo revirava os olhos, murmurando palavras sem nexo, em italiano.

Carnaval no Brasil é realmente um baita calor. Menino Máximo estava certo, é de fato loucura acender lareira com o clima em 30 graus. Mas é tão lindo ver as chamas vermelhas dançando diante de seus olhos, te seduzindo para a serenidade de uma vida ardente.

Você pode falar o que quiser, Caro Leitor, mas o fogo não é nada menos que hipnotizante.

O bem venceu, Caro Leitor. O moço da recepção acendeu a lareira, eu ganhei no *War*, deitamos na cama e assistimos *Os Vingadores* com a atenção dividida entre Tony Stark e as chamas ardentes.

Até que o telefone tocou e Menino Máximo se levantou (um milagre) para atender. Só por isso já devíamos saber que alguma coisa estava errada[1].

— ... ah, sim... pode sim... não, não se preocupa... tá, obrigado, viu?

Menino Máximo coloca o telefone no gancho e fica parado em silêncio refletindo sobre o que tinha ouvido.

— O que foi? — Mãe Bióloga pergunta, intrigada.

— Nada — ele diz, coçando o queixo. — O moço vem aqui apagar a lareira porque o casal do lado

---

[1] Menino Máximo é o tipo de cara que se senta em algum lugar e só levanta com um guindaste ou se oferecerem comida. De noite, deitadinho na cama, de pijama, quentinho... levantar-se e ir atender ao telefone do quarto do hotel é demais para qualquer um. Para Menino Máximo, então, é uma imensurável audácia.

reclamou que estava entrando muita fumaça no quarto deles.

Mãe Bióloga não responde de primeira.

— Que estranho, né?

— Muito — Menino Máximo concorda.

— Não é nada — digo, me acomodando nos lençóis e fechando os olhos, pensando no tio VidaLoka.

— É... — Menino Máximo estava quase concordando comigo quando passou ao lado da lareira e viu uma luzinha vermelha entre as ripas de madeira, perto da televisão.

Ele se aproximou mais para ver melhor.

Seus olhos se arregalaram e afobado, Menino Máximo abriu a porta.

O moço da recepção estava agachado com um extintor, apagando o fogo da lareira.

— Rapaz — Menino Máximo diz —, você tá conseguindo apagar o fogo da lareira?

— Tô sim, senhor — ele responde.

— Tem certeza?

— Absoluta, senhor.

Menino Máximo balança a cabeça em resposta e dá alguns passos para trás, para observá-lo. Mas, quando o olhar de Menino Máximo chegou no telhado do chalé, tivemos o verdadeiro problema.

— Oh, rapaz — Menino Máximo diz —, vem até aqui, por favor.

O rapaz se levantou, ainda segurando o extintor, e parou ao lado de Menino Máximo.

— O fogo não está aí embaixo, não — Menino Máximo diz, calmo demais. — Está ali no telhado.

— Minha virgem santa... — Foram as únicas palavras que o rapaz da recepção foi capaz de dizer, as únicas palavras que consegui ouvir, as únicas palavras que profetizavam um fatídico destino.

Menino Máximo entra de volta no chalé, com pressa, dizendo que deveríamos fazer as malas, colocar tudo que tínhamos e descermos até a recepção. O teto do chalé estava ardendo em chamas.

Rapidamente, eu e Mãe Bióloga pulamos da cama e jogamos tudo que tínhamos dentro das malas sem nem pensar direito. Quando abrimos a porta do banheiro, uma fumaça cinza densa invadiu o quarto, causando uma tosse em resposta imediata.

Fechamos as malas, apressadas, sem nem saber o que colocamos dentro e saímos.

Um outro rapaz da recepção batia na porta do chalé vizinho dizendo para eles saírem imediatamente, o teto ameaçava cair. Eu juro, Caro Leitor, o homem na porta, de pijama de seda, explicava casualmente que sua esposa estava tomando banho e depois se maquiaria para depois saírem do chalé.

— O senhor não tá entendendo, tá pegando fogo! — o funcionário do hotel dizia.

— Eu sei, já vamos — respondeu o homem, fechando a porta.

— Cada louco com as suas manias... — o rapaz respondeu (#VidaLoka).

Mãe Bióloga e eu descemos correndo por nossas vidas até a recepção, enquanto Menino Máximo ficou para ajudar a então tentativa de apagar o fogo.

A caminhada, que era para ser feita em dez minutos, nós fizemos em três. Chegamos na recepção tão apavoradas que só jogamos as malas e Mãe Bióloga disse para a funcionária:

— Pelo amor de Deus, chama toda a equipe. O nosso chalé está pegando fogo, mas fogo mesmo, fogo de verdade.

— Incêndio?! — a moça da recepção respondeu.

— Vou ligar para os bombeiros — disse Mãe Bióloga, pegando o telefone da mesa da recepção, sem pedir licença.

A funcionária desesperada saiu correndo para chamar a equipe, deixando Mãe Bióloga e eu cuidando da recepção, com os bombeiros no telefone.

Víamos carrinhos de golfe subindo e descendo com baldes de água e pessoas gritando tudo quanto é tipo de palavrão. Os bombeiros estavam a caminho, quando o computador da recepção começa a tocar em uma chamada de Skype.

Mãe Bióloga completamente insana atendeu (quem atende uma chamada de vídeo de uma pessoa desconhecida em um computador que não é seu? Mas, de novo, o ano era 2013 e a #VidaLoka era contagiosa).

Um homem com cara de sono apareceu, de olhos arregalados.

— Quem são vocês? — ele diz.

— Quem é *você*? — Mãe Bióloga pergunta de volta.

— Eu sou o Dono do Hotel — ele responde.

— Eu sou a hóspede cuja² o chalé está pegando fogo.

Mãe Bióloga conversou com o Dono do Hotel, explicando toda a situação e como tudo aconteceu, enquanto ele ouvia atentamente e pedia desculpas.

Menino Máximo apareceu na recepção nesse meio-tempo, informando o quanto as chamas estavam famintas.

O Dono do Hotel desligou e Menino Máximo disse logo em seguida:

— Eu não queria falar para ele, mas, meu, já era.

— Como assim?

— Se os bombeiros não chegarem logo, a gente pega o carro e vai embora. É questão de minutos para o fogo chegar aqui.

Ele explicou que as plantas em volta perderam seus naturais tons de verde e se tornaram vermelhas. O fogo faminto já alcançava os outros chalés.

— Não tem mais extintor para usar, agora é com balde de água... — ele disse, passando as mãos na cabeça, quase calva.

---

2 Óbvio que Mãe Bióloga não usou o "cuja" na hora, mas você entendeu, Caro Leitor.

— Meu Deus...

— E o pior é que eu não sei o que vai ser — Menino Máximo continuava —, porque o chalé caiu, o teto despencou e os rapazes que estavam ajudando para isolar os outros chalés batiam na porta desesperados gritando "a casa caiu, a casa caiu, abre a porta, a casa caiu" só que ninguém abria, achando que era assalto.

— E agora? Tem que avisar as pessoas! Precisa isolar a área.

— Aí eu batia de volta e explicava calmo que estava pegando fogo, que eles tinham que sair e...

— Mas cadê as pessoas? Não tem ninguém aqui — Mãe Bióloga aponta para a recepção vazia.

— As pessoas dos chalés mais próximos vão descer em um carrinho de golfe...

— E os nossos vizinhos? — Mãe Bióloga prendia o cabelo.

— Vão descer também...

Menino Máximo terminava de pronunciar a palavras quando cinco bombeiros aparecem na porta da recepção.

— A mata é muito fechada — um deles dizia. — O caminhão não consegue passar.

— O fogo está muito alto — Menino Máximo respondia —, vai ter que arrumar um jeito, já está chegando na mata...

Os outros hóspedes começaram a chegar, os bombeiros começaram a se preocupar, o dono voltou a ligar, a equipe voltou a gritar, todo mundo voltou a se desesperar, 2013 voltou a atacar; e eu não estava entendendo mais nada.

Menino Máximo se encarregou de ajudar os bombeiros, eu fiquei encarregada de acalmar as pessoas, Mãe Bióloga de falar com o Dono do Hotel e a equipe gritando que a gente só ignorou.

Não tinha como fazer tudo, também, Caro Leitor.

A recepção, naquela madrugada, não tinha mais espaço para todo mundo. Alguns pegaram o carro e foram embora, outros deixaram os filhos dormindo no quarto, acreditando que não era nada demais, uma porção foi beber leite, achando que ajudava contra a fumaça e os nossos vizinhos apareceram de camisa e vestido. Sem malas, só de maquiagem e perfume.

Menino Máximo voltou meia hora mais tarde; dessa vez para ficar. Ele explicou que não tinha o que fazer, era isolar e deixar queimar. Uma hora o fogo não conseguiria mais se alimentar.

Lá pelas quatro da manhã, quando as chamas estavam controladas, um dos donos do hotel apareceu. Ele pediu imensas desculpas, disse que não era para isso acontecer (meio que implorou para que não houvesse um processo) e deixou a gente ficar no casarão da família dele até o resto da nossa estadia.

Nós aceitamos, ficamos e, na manhã seguinte, debateríamos se ficaríamos mais ou não. As pessoas regressaram aos seus chalés não carbonizados e no café da manhã do dia seguinte não se falava em outra coisa.

O salão, antes lotado, estava relativamente vazio por conta das pessoas que realmente foram embora e das outras que ainda dormiam.

Os eco-alimentos estavam chamuscados[3] e o leite havia acabado, por conta dos fiéis, crentes dos seus poderes mágicos.

Estávamos levantando da mesa quando o fatídico monitor *VidaLoka* se aproximou, de olhos espantados e suando frio.

— Meu Deus, meu Deus — ele disse, caminhando em nossa direção sem nem desejar bom-dia —, você é MUITO *VidaLoka*, menina! Mas muito!

Dei risada, exibindo meu aparelho fixo, em resposta.

Sem risco, decidimos voltar para ver nosso ex-eco-chalé amadeirado. Quando chegamos lá quase não acreditamos. Cinzas. Não havia nada além de cinzas.

Quer dizer, havia sim. O ferro das cadeiras nas quais estávamos sentados, jogando *War*; uma parte das molas do colchão e partes dos tijolos da lareira onde tudo começou.

E, desde então, ninguém mais me questiona se sou #VidaLoka e se tenho provas da minha *VidaLokice*.

---

[3] Brincadeira! Os eco-alimentos não estavam chamuscados. Mas a plantação de lavanda... R.I.P.

Sim, Caro Leitor, esta foto é verdadeira. Não, isto não é uma montagem. Como eu disse, sobraram apenas alguns tijolos resistentes da lareira, os ferros das cadeiras e as molas dos colchões.
R.I.P. eco-chalé.

Pão quase roubado recheado de um queijo quase pago

Poucas pessoas entendem quando eu digo que a Cultura Inglesa não é um curso de inglês, é uma opção de vida. Uma vez lá, leitor, não tem volta.

Passei 90% da minha vida na fortaleza unidade 333. O prédio de três andares parece inofensivo a quem o vê, da rua, mas quem o frequenta sabe que os tijolos em sua faixada foram colocados um a um por crianças remelentas que não aprenderam o *verb to be*.

Mãe Bióloga me alistava em todas as atividades possíveis e imagináveis. Fiz show de talentos, coral, teatro, bandinha... tudo. Então, assim, se você fez Cultura Inglesa na unidade 333, tem uma chance muito grande de nos conhecermos. E se eu não te conhecer, conheço o seu *teacher*.

Toda segunda e quarta lá estava eu, dando *oi* para o Marquinhos, que ficava na porta, e subindo a meio-rampa-meio-escada para minha tortura semanal.

Eu gostava? Não. Nem um pouco.

É quase um clube interno, sabe? Antes da aula começar, você fica lá, sentado no banquinho na frente da sala, observando a felicidade se esvair do rosto das crianças. Quando chega um pobre coitado do seu lado, só levantando a mão até a cintura em um meio aceno por falta de energia, você percebe que não está sozinho.

De qualquer maneira, a minha tia era a diretora da unidade 333 da Cultura Inglesa. O que explica o porquê de eu nunca ter sido expulsa.

No meu primeiro dia na Cultura eu devia ter uns cinco ou seis anos e estava muito assustada. Estudava em uma escola pequena que só ia até o primeiro ano do fundamental, nunca tinha visto como era uma escola de verdade. Muito menos tantas crianças juntas.

No intervalo, saí da sala meio atordoada com fome e morrendo de medo das pessoas à minha volta. A sala 1 dava de frente para a entrada da Cultura que, por algum motivo, enchia de gente em uma fila.

Eu me aproximei devagar. Ao olhar no horizonte, percebi que a fila terminava em um lugar mágico. Aparentemente no final dela havia um balcão onde as pessoas simplesmente pegavam comida quentinha e fofinha.

Eu achei incrível, mas as Vozes da Minha Cabeça acharam divino. Elas sussurraram no meu ouvido, minha barriga roncou e, quando percebi, já estava na fila, esperando a minha grande chance de comer feliz.

No momento em que chegou a minha vez, meus joelhos tremiam, meu coração palpitava, minha respiração pesava e as Vozes riam. Pura euforia.

Encarei a Moça do Balcão, que me analisava de cara fechada, com profundas rugas na testa. Eu olhei para o lindo pão de queijo amarelinho e fofinho que sorria para mim, detrás do vidro.

— Quero um pão de queijo, por favor — disse inocentemente.

A mal-encarada da moça apenas me olhou de cima a baixo.

Nem se mexeu.

— Um pão de queijo, por favor — disse mais uma vez, desviando dos olhos fuzilantes e encarando o pão de queijo, que chamava o meu nome como um segredo, brilhando sobre a luz da vitrine todos os sonhos que poderíamos viver juntos.

— O dinheiro — a moça do balcão disse, apenas.

Ninguém tinha me avisado que precisava de dinheiro.

Não era só pegar?

Mãe Bióloga não tinha me dado nada.

— Não tenho...

A moça ia gritar comigo.

Eu sei que ia.

Eu ia explicar que estava com fome.

Iria convencê-la.

Eu sei que ia.

Mas um milagre aconteceu diante dos meus olhos. Tia Sorriso apareceu do meu lado.

Se você me perguntar, Caro Leitor, eu posso dizer com a maior certeza de que foi o próprio pão de queijo que convocou a presença mística da Tia Sorriso para me ajudar no momento de desespero.

Tia Sorriso, a diretora da unidade 333, colocou a mão macia em meu ombro e com um sorriso solidário disse para a moça:

— Tudo bem, eu pago.

E abriu sua carteira gentilmente.

Leitor, a moça do balcão, que antes estava furiosa e comeria meu fígado, virou a gentileza em pessoa. Abriu um sorriso tão largo e pegou o pão de queijo com tanto amor que eu até olhei para a Tia Sorriso confusa.

Esse, Leitor, foi o pão de queijo mais gostoso da minha vida.

A crosta amarela gritou meu nome em prazer quando eu mordi, fazendo um perfeito *crunch*. O recheio quentinho e fofinho estava esperando que eu me deliciasse com o seu sabor.

As Vozes cantavam em coro de alegria o que me fazia ter a certeza de que o pão de queijo me queria na mesma intensidade que eu o queria.

Nossos destinos estavam traçados e só podíamos aceitar e nos amarmos.

Logo, na quarta-feira, voltei para a fila mágica — mas, dessa vez, com dinheiro. Olhei no fundo dos olhos da moça do balcão e pedi o pão de queijo com toda a força de vontade que existia em mim, estendendo em mão fechada uma nota de cinco reais.

Assim que a moça do balcão me viu, abriu um sorriso de orelha a orelha.

Até olhei em volta para ter certeza de que a Tia Sorriso não estava por lá.

Só tinha eu e as crianças remelentas.

Balancei a minha mão com o dinheiro, para pagar, na frente dela.

Juro que fiz isso.

Mas a moça do balcão apenas balançou a cabeça e com os olhos brilhando disse:

— Não precisa. *Você* não precisa.

E me entregou o pão de queijo com todo o carinho que existia no mundo em 2009.

Leitor, ela me estendeu o pão de queijo com a calma de um Buda, com a felicidade de Seu Jorge e a sutileza de uma princesa. O pão de queijo foi entregue com tanto amor que não tive outra opção além de sorrir e aceitar.

É claro que eu sorri e aceitei.

Voltei lá na segunda-feira.

O mesmo aconteceu.

O mesmo amor, a mesma felicidade, a mesma calma.

E na quarta.

E na segunda de novo.

Saí da Cultura aos dezesseis anos.

Durante dez anos usei o emprego da Tia Sorriso para comer o pão de queijo de graça.

Se a Tia Sorriso pagava depois eu não faço a menor ideia. Nunca contei para ela. As Vozes me instruíram e eu concordei. Vai que se eu revelasse a verdade, eu pararia de ser alimentada.

Inclusive, *desculpa, Tia Sorriso*, mas eu usei o seu emprego para me alimentar. Durante dez, quase onze anos.

Só posso dizer, Caro Leitor, que, por algum motivo, o pão de queijo da Cultura Inglesa tinha um gosto diferente. Como se fosse uma mistura de vitória e conquista, dentro de um pão quase roubado recheado de um queijo quase pago.

Uma vez provado, não tinha alma samaritana que recusasse.

Militante da asma

Assim como Pai Engenheiro, tenho asma. De maneira mais leve e sem ataques há anos, mas continuo tendo, mesmo assim. O que é perfeitamente normal, certo? É supercomum, muita gente por aí tem, e não é nada para se envergonhar e tudo mais, mas Pai Engenheiro era militante da asma.

Sim, isso mesmo.

Existia um evento que era uma "convenção de asmáticos", que acontecia de tempos em tempos no Parque Ibirapuera, depois da ponte das carpas, em um coreto. No meio da natureza urbana do parque, os asmáticos se reuniam para discutir, assistir assembleia, se educar...

Sei lá o que eles realmente faziam; talvez coisas que asmáticos fazem: compartilhar receitas de bombinhas, contar episódios terríveis na academia, as fofocas dos últimos internados...

O que eu sei, Caro Leitor, é que durante muitos anos Pai Engenheiro foi presidente leigo da Associação de Asmáticos.

Sim, é sério isso.

Não me pergunte como ele entrou no cargo, em primeiro lugar. As Vozes da cabeça dele devem ter entrado em estado de tédio terrível e não sabiam mais o que fazer e arrumaram esse emprego; ou, então, em uma caminhada pelo Ibira, Pai Engenheiro foi abordado por um devoto, ouviu um minuto da palavra divina asmática e quando viu era presidente.

A questão é que, como filha do presidente, eu ia desde pequena nas convenções de asmáticos. Assistia às palestras sobre o Monstro Ácaro e aprendia que tapetes e cortinas eram os grandes esconderijos do meu arqui-inimigo.

A grande convenção ocorria anualmente, milhares de pessoas se reuniam, vestindo camisetas brancas estampadas com janelas azuis abertas. Como eu ia todo ano, sempre tinha um ou outro que já me conhecia de palestras passadas, e perguntavam logo depois do *olá*:

— Como está a sua asma?

Pai Engenheiro passava a mão no topo da minha cabeça e respondia com orgulho.

— Tá tratando, mas, sabe como é, tem asma, né?!

A pessoa geralmente balançava a cabeça sorrindo solidariamente, compartilhando do esforço e diziam:

— Boa palestra.

Além das reuniões no Ibirapuera e da reunião anual, havia de vez em quando diversos encontros espalhados por toda São Paulo. Leitor, acredite em mim quando digo que fui em tudo.

Ouvia os discursos sobre a eficácia das bombinhas e via os vídeos do *Brônquio Bill*, o amigo do peito, contra *Zácaro*, o amigo dos ácaros, e lia os gibis que eram distribuídos junto com as camisetas.

Pai Engenheiro delirava com as palestras e os debates. Acho que ele gostava do fato que o nosso pulmão quebrado trazia uma ligação no fundo do peito entre nós.

Eu sempre voltava para casa com um sono incontrolável e diversos aprendizados sobre asma e rinite. Por exemplo: o Brasil tem aproximadamente 20 milhões de asmáticos; a asma é uma doença mundial e crônica; o ácaro é meu inimigo e anualmente ocorrem 350 mil internações por conta da asma — se você tem, pode ser uma delas. #cuidado

Por conta disso, se perceber que está travando, não hesite, sua vida está em risco, mantenha a calma e use a bombinha. Conte dez segundos, segurando o ar na boca, e solte aos poucos.

Fonte: Associação Brasileira de Asmáticos.

Tá vendo só como, no final, foi útil?

Acho que, se eu continuasse indo àqueles encontros, saberia tanto a ponto de dar uma palestra ou, no mínimo, sairia com um diploma. Mas por algum motivo os encontros militantes deixaram de acontecer e eu tive que deixar de lado esse meu futuro brilhante de militante da asma.

Mesmo depois de um tempo, tinha pesadelos onde os ácaros me pegavam desprevenida e eu gritava em desespero para que *Brônquio Bill*, o amigo do peito, me resgatasse. Mas os ácaros venciam, meu pulmão quebrado perdia o ar e eu acordava suada, com a respiração falhada.

Confesso que depois dos encontros as Vozes da Minha Cabeça ficavam tão entusiasmadas com as informações aprendidas que elas debatiam os dados científicos no meu sono.

Confesso também que até hoje tenho medo de cortinas de pano.

Com isso, Leitor, eu te afirmo que apesar de não ter um visual esteticamente agradável para ser capa da *Vogue*, eu tenho um DNA digno de convenções de asmáticos.

Esta foto foi reproduzida diretamente
do site da ABRA São Paulo (www.abrasaopaulo.org).
Eu literalmente copiei, coloquei em preto e
branco e colei. Mas tá vendo como existe mesmo?

Faltou bola no pé quando nasci

Não tenho habilidades com esporte. Nunca tive, nunca vou ter, já fiz minhas pazes com isso, as Vozes da Minha Cabeça fizeram as pazes com isso e meus pais aceitaram.

Além de não entender nada, não faço a menor ideia de como segurar uma bola, muito menos de como chutá-la, mas durante meu intercâmbio tive que virar atacante.

Estávamos em uma reunião de todos os internacionais novos na escola. Os coordenadores estavam explicando as regras, os uniformes e tudo mais. Eu não estava prestando atenção nenhuma, só estava interessada em almoçar e as Vozes estavam cantarolando *I Want It That Way* dos Backstreet Boys, enquanto a coordenadora explicava. Foi justamente no segundo refrão que meu amigo me cutucou e perguntou:

— O que você vai escolher?

— Quê?

— Qual esporte você vai escolher? — E apontou para o telão com fotos de vários esportes.

— Tem que escolher?

— Tem que fazer.

Olhei mais uma vez para o telão sabendo que não daria certo. Eu não sei fazer nada disso.

Bom, vamos por eliminação.

Hóquei e rúgbi, não faço a menor ideia de nada. Hóquei é no gelo, né? Descartado.

Basquete, vôlei e handebol, não consigo nem segurar uma bola, quem dirá arremessar. Descartado.

Futebol. É o que sobrou. Além disso, sou brasileira, nasci com a bola no pé, certo? Está no DNA, não tem como dar errado.

Coloquei meu nome na lista, satisfeita com a minha decisão. Estava no sangue e é isso. Sem erro.

Cheguei na escola, sexta-feira, e vi vários ônibus escolares estacionados e todos os alunos reunidos na quadra.

— O que está acontecendo? — perguntei, aproximando-me lentamente e observando a multidão se movimentar.

— Vai ter jogo hoje. Toda sexta-feira tem — meu amigo respondeu, sem dar muito atenção.

Ao perceber que eu permaneci calada, ele se voltou para mim e me analisou de cima a baixo.

— Você não sabia?

— Como você sabia?

Pelo autofalante, a liga feminina de futebol foi chamada. Não tinha como fugir. Entrei na van e todas as meninas pareciam impecáveis, com os cabelos presos em rabos de cavalo, sem um único fio rebelde para fora; suas chuteiras cintilantes eram das mais variadas cores do arco-íris e mochilas esportivas que traziam todos os equipamentos necessários.

Sentei-me no último banco, ao lado de minha mochila básica cheia de livros e olhei para meu *Vans* preto, comprado pelo estilo.

Fomos para o outro lado da cidade para jogar contra uma escola privada, disputando o campeonato da cidade e, mais tarde, jogar entre estados.

E eu nunca nem treinei.

Agora é só no chute mesmo.

Entramos no vestiário e as meninas começaram a se preparar. Colocaram caneleiras, apertaram as chuteiras e vestiram o meião, enquanto eu colocava a camisa do nosso time, suando frio e amarrando meu cabelo em maria-chiquinha, em um ato rebelde contra os rabos de cavalo.

Talvez assim eu ficasse no banco, né?

Caminhei em direção ao campo, esperando pelo melhor, na fé de que meus Vans estilosos chegassem em casa inteiros. A treinadora me observou com um apito na boca e o cenho franzido. Nos segundos em que ela permaneceu em silêncio eu me agarrei na esperança de que ela não me colocaria para jogar.

Não deu certo.

Quando percebi, já estava no meio do campo sem saber o que fazer.

Leitor, eu não tenho a menor noção de futebol. Não sei nada. Não sei como começa, como funciona o escanteio e nem quando é falta. Só não pode tocar na bola com a mão, né? Mas por ter sangue brasileiro em minhas veias, o time inteiro presumiu que eu tinha as mesmas habilidades que o Pelé.

Durante o jogo, eu corria de um lado para o outro do campo, como se soubesse o que estava fazendo, mas nem sabia qual era o nosso lado. As meninas encarnaram a Marta e jogavam de verdade, chutando a bola com força e passando uma para outra com maestria. Elas dançavam na grama com seus rostos vermelhos de tanto correr, fazendo da partida algo digno de Copa do Mundo.

Quase para acabar o primeiro tempo, eu mosquei, brisei, boiei, chame do que quiser, o fato é que mentalmente eu não estava mais lá. Todo mundo correu para um lado, mas eu fiquei parada no outro lado, vendo as nuvens cinzentas se formarem no céu, pensando que, se chovesse, o jogo acabaria.

Meu time, por outro lado, achou que aquilo era uma estratégia, chutaram a bola com toda a força que guardavam em seu corpo para mim.

Eu vi a bola voando.

Vi em câmera lenta rodar pelos ares em uma parábola perfeita que deixaria qualquer professor de matemática orgulhoso.

Mas a minha reação... na verdade, não tive reação. Continuei parada com as pernas bem fechadas calculando que horas aquela bola dura destruiria a minha cara. E por um milagre, a bola passou por entre as minhas pernas.

Ninguém sabe como, muito menos eu, já que tinha certeza de que minhas pernas estavam fechadas, mas o caso tirou o ar do time, fez a treinadora colocar a mão na testa, a juíza soltar o apito e a nossa goleira perder o foco.

Gol contra.

Eu me perguntava *como?*, enquanto o time não falava comigo durante os quinze minutos de intervalo.

Voltamos para o jogo, mas aquela era a hora de provar o meu valor. Tinha que compensar o gol contra.

Me empenhei o que podia. Corri para onde a bola ia, sabia onde era o nosso gol e tentei ao máximo entender o que era uma falta.

Até que a oportunidade decidiu me abraçar, ouvi seu sussurro dizendo *vai, brilha*, e me arrisquei. Cega pela chance de vitória, coloquei toda a força que não usei no primeiro tempo na perna direita e chutei. Chutei a bola como se a minha vida dependesse daquilo.

A bola obedeceu e subiu.

Rodou como um satélite na velocidade de um foguete em direção ao gol.

O jogo parou.

Todas as meninas observaram o vento assombrar o meu destino, desviando a bola e a dando mais velocidade. Até que eu acertei.

Acertei!

Não o gol, a cara da menina do time adversário.

A bola atingiu seu nariz, declarando o que queria faz tempo. Com a porrada, a menina caiu para trás, chorando de dor, com a mão no rosto.

Não tive tempo para pedir desculpas; o apito da juíza soou e eu recebi um cartão amarelo. Então aquilo era falta...

— Ganeff! — gritou nossa treinadora.

Olhei para ela sem saber o que fazer; ela apenas apontou para o banco.

Foi assim que a nossa treinadora colocou outra garota no meu lugar e eu fiquei vendo o resto do jogo na sombra.

No final todo mundo se deu bem, nosso time venceu e eu conquistei a tarefa mais nobre de um time: entregar água para as atletas cansadas.

Desde então, todas as sextas-feiras eu era a garota da água. E, sejamos sinceros, Caro Leitor, muito melhor que se arriscar e receber uma bolada na cara.

A felicidade do meu time, quando elas ainda acreditavam nos meus poderes Neymarísticos.

O pulo da janela

Minhas aulas de inglês eram a definição de tédio. Depois de um tempo de aula, as palavras começam a se embolar, você não ouve mais nada e, como uma anestesia, você para de sentir.

Para de sentir a vida em si.

Um efeito colateral terrível, mas acontecia com todos.

Até com o pobre coitado do Teacher.

Eu e meus dois fiéis companheiros queríamos sentir algo. Enquanto a voz monótona do Teacher ecoava na sala, as Vozes das nossas cabeças, por telepatia, tentavam ao máximo encontrar algo que nos mantivesse vivos.

Custasse o que custasse.

Sentávamo-nos de costas para as grandes janelas com vidros grossos, cobertos por filmes escuros, mas apenas quando abertas conseguíamos ver que, depois do parapeito, havia uma sacada extensa mirando a frente da Cultura Inglesa e a rua.

Nós três tínhamos o forte desejo de experimentar a vida pulsar em nossas artérias novamente, de fazer algo produtivo nas duas horas de aula, de lembrar como a felicidade se estampava em nosso peito e o sorriso se abria em nosso rosto.

Sensações muito antes esquecidas.

Assim Sardas de Prata, Dedo Rosa e eu jogávamos os mais variados jogos. Fazíamos o que podíamos para nos distrairmos da aula, mas, certa vez, qualquer brincadeira silenciosa era fraca demais para nossos corações anestesiados.

Surtando de tédio, nós três nos olhamos em busca de alguma salvação. Foi quando Dedo Rosa sorriu:

— E se... — tirou a caneta da minha mão — fizéssemos isso.

Com um movimento rápido, Dedo Rosa jogou minha caneta pela janela aterrissando no chão de ladrilhos da sacada.

— O que você fez? — disse a Sardas de Prata, olhando a sacada, tentando encontrar minha caneta.

Dedo Rosa e Sardas de Prata começaram a rir.

— Ih — me analisaram, sorrindo —, agora vai ter que pegar.

— Ah é? — peguei o lápis na mesa de Sardas de Prata. — Você também.

Joguei o lápis para fora da janela e ele caiu ao lado da minha caneta.

— Ih... agora vocês duas vão ter que pegar — Dedo Rosa disse, baixinho, para o Teacher não perceber.

— Tá rindo do que, Dedo Rosa? — Sardas de Prata pegou a borracha de Dedo Rosa e jogou para fora. — Agora você também vai ter que pegar.

Aqueles três itens escolares eram nossas observações semanais. Fazia sol ou fazia chuva, a caneta, o lápis e a borracha continuavam lá, à espera de uma oportunidade de serem salvos.

Seis meses se passaram até que, em uma aula, não aguentávamos mais. Era tudo muito chato, tudo muito monótono. Não havia brincadeira que nos salvasse.

Mas a oportunidade sorriu para nós.

No meio da aula, o Teacher disse que buscaria um pen drive lá embaixo, na secretaria, e já voltava. A classe ficou sozinha.

Três lances de escada para descer.

Três para subir.

Podia pegar o elevador, mas o tempo seria o mesmo.

Era a nossa chance.

Assim que o Teacher saiu, fechando a porta atrás de si, subi na cadeira e pulei a janela direto na sacada.

— O que você tá fazendo? — disse Dedo Rosa, enquanto a sala inteira olhava.

— Buscando a minha caneta, ué.

Dedo Rosa e Sardas de Prata trocaram um olhar.

Mas agora que estava na sacada do terceiro andar da unidade 333 da Cultura Inglesa, tinha que aproveitar a vista.

— Olha — disse, distanciando-me da janela e andando para o parapeito —, dá para ver daqui a mulher do balcão onde eu busco o meu pão de queijo quase roubado recheado de um queijo quase pago. Será que, se eu der um tchauzinho, ela consegue ver?

Era a frase necessária para conquistar a coragem de Sardas de Prata.

— Deixa eu ver — disse, já com as pernas para fora. — Não é que é verdade? Dá até para ver o Marquinhos. Vem, Dedo Rosa, olha só.

Dedo Rosa olhou para a porta e depois olhou para nós, lá fora.

Todos os alunos ficaram em silêncio, observando Sardas de Prata e eu apreciarmos a vista e esperando Dedo Rosa tomar a decisão que mudaria a sua vida.

— Calma — disse, subindo na cadeira e pulando a janela. — É verdade, dá para ver tudo, daqui, mesmo!

Com um olho, a classe assistia às nossas gargalhadas da sacada, enquanto o outro olho espiava a porta, para ter certeza de que o Teacher não iria chegar.

— Ele já deve estar vindo! — disse um menino sentado perto da porta.

Rapidamente, pulei a janela de volta e me sentei em meu lugar. Sardas de Prata fez o mesmo. Mas quando Dedo Rosa estava prestes a pegar impulso e subir na janela, a porta se abriu bruscamente e nosso amado Teacher chegou com o pen drive vermelho na mão.

A sala inteira olhou de relance para a janela.

— Que foi, gente? Parece que viram um fantasma.

Todo mundo ficou em silêncio mórbido.

Dedo Rosa se abaixou rapidamente e engatinhou para debaixo da janela torcendo para que o Teacher não a visse.

Ele, por sua vez, lançou um olhar desconfiado para os alunos, mas em silêncio se virou para colocar o pen drive no computador. Todos nós miramos a janela.

Sardas de Prata e eu segurávamos tanto o ar dentro de nossos pulmões que nosso rosto já ficava vermelho.

— Já percebi que vocês estão vendo alguma coisa na janela.

O Teacher começou a andar em direção a janela. Sardas de Prata escondeu o rosto com as mãos enquanto eu abraçava meus joelhos sentindo o destino fatídico me tocar.

Segurando a maçaneta, o Teacher fechou a janela com força.

— Não! — todos os alunos disseram em uníssono.

— Ferrou — disse para Sardas de Prata.

O Teacher olhou em volta passando o olho em cada um de nós. Parte dele sabia que algo estava errado, mas não sentia a falta de Dedo Rosa. Eu disse que, depois de um tempo, as pessoas param de sentir.

— Vocês estão com calor? É isso?

— Sim — respondi, tentando esconder minha voz desesperada com gestos largos —, estamos com calor.

— *Hot* — Sardas de Prata disse, se abanando —, *so hot*.

— Eu ligo o ar, tá?

Fizemos que sim com a cabeça incapazes de soltar qualquer som.

Ao ouvir o apito do ar-condicionado ligando, uma trovoada soou do lado de fora.

— Tá vendo, ia chover também...

— Vai chover?! — Sardas de Prata e eu gritamos em um único som.

— Nossa... tá acontecendo alguma coisa? Já deve estar chovendo...

— Tá chovendo? — eu disse, virando-me para a janela.

— Deixa eu ver isso direito — Sardas de Prata disse, abrindo a janela.

O Teacher se voltou para o computador na parede oposta, Sardas de Prata e eu olhávamos para a sacada em busca de Dedo Rosa.

Os pingos grossos já estavam caindo lá fora e o céu ameaçava colocar mais força. Dedo Rosa estava encolhida na parede, debaixo da janela, em uma tentativa de se proteger da chuva que já a molhava por inteiro.

— Eu vou matar vocês.

— Cala a boca e vem logo.

Olhamos rapidamente para o Teacher que estava tendo problemas técnicos com o computador e o pen drive.

— Vem.

Dedo Rosa deu um pulo e passou a primeira perna para dentro.

— Gente, fecha a janela senão...

No flagra.

O Teacher viu com os próprios olhos Dedo Rosa com uma perna para dentro da janela e outra para fora, pingando água que caía do céu de São Paulo.

Ele ficou no mesmo estado de choque que todos nós ali presentes.

Acredito que até os anjos que nos assistiam do céu ficaram sem ação.

— Então é por isso... — Seus olhos correram ao estado de Dedo Rosa, que continuava sentada na janela sem saber se entrava e encarava a bronca ou caía para fora e dava tchau para o Marquinhos, da sacada. — Dedo Rosa — ele balançou a cabeça enquanto falava —, desce comigo. Vou te levar até a Dona Sorriso. Ela vai adorar saber o que aconteceu.

Dedo Rosa trocou um olhar rápido, mas cheio de fogo, comigo e com Sardas de Prata enquanto saía pela porta.

A porta se fechou, nossa respiração começou a se normalizar e nossas batidas cardíacas a sincronizar.

— Ei — Sardas de Prata disse, me cutucando —, a caneta, a borracha e o lápis ainda estão lá fora; bora pegar?

A assombrada unidade 333. A varanda do terceiro andar é onde tudo aconteceu.

Botas ortopédicas patrocinadas pela Xuxa

Além de um pulmão asmático e um nariz que não gosta de ar, meus pezinhos também vieram com defeito de fábrica. Não sou médica, então não sei o termo correto, mas meus pezinhos de princesa eram uma semiprancha de surfe, de tão retos, e meus joelhos eram fãs número um da Xuxa, já que formavam um belíssimo X.

Leitor, eu comecei a usar as botas ortopédicas quando tinha uns dois anos[4] e, convenhamos, não são lá os sapatos mais bonitos do mundo. Não sei agora mas, na minha época, o bicho era feio. Feio mesmo. E Mãe Bióloga sabia disso.

Temendo um trauma de infância, Mãe Bióloga pensou e repensou métodos eficazes para que

---

[4] Como você pode ver, Caro Leitor, Mãe Bióloga era levemente preocupada com essa história toda de joelhos tortos e pés de prancha e colocou uma bota tijolo em mim quando eu mal andava.

eu fosse convencida a usar a bota e não ficasse traumatizada por isso, deixando de escanteio a necessidade de pagar um terapeuta para mais um trauma no futuro.

Foi na calada da noite, em um momento de insônia, que as Vozes da cabeça de Mãe Bióloga entraram em um consenso. Não passou no debate da reunião de *brainstorm* a ideia de que, por eu não ter mais do que dois anos, não teria discernimento de moda suficiente para julgar as botas como feias e muito menos reclamar do uso delas que eram o meu único sapato além do chinelo de uso exclusivo da praia.

Não.

Mãe Bióloga achou que seria mais fácil encarnar o espírito empreendedor do brasileiro criativo e bolar uma cesta. Ela então, cuidadosamente na surdina, preparou uma cesta enorme rosa cheia de confete e papel celofane recheada de lembrancinhas como adesivos e brinquedinhos além da feiosa, porém necessária, bota horrorosa ortopédica.

Ela escolhia com cuidado um tema específico e colocava com os mimos os itens necessários daquele designado tema. Mãe Bióloga, esperta, aproveitava a oportunidade e colocava shampoo, condicionador, sabonete, *band-aid* entre outros itens essenciais que iam de acordo com a necessidade primária e o tema cuidadosamente selecionado.

A primeira cesta foi da Cinderela, a segunda da Barbie, mas, na terceira, Mãe Bióloga perdeu um pouco a criatividade e assumiu um espírito mais patriota, que perdurou em seu corpo até o final do tratamento.

Mãe Bióloga fez da Xuxa sua aliada.

Leitor, se você viveu no começo dos anos 2000, conhece a Xuxa e certamente lembra da Xuxinha e do Guto.

Mãe Bióloga preparava a cesta, fazia a Vó Portuguesa tocar a campainha e gritava para mim toda empolgada:

— Sosô, a Xuxinha! A Xuxinha deixou a cesta!

E eu ia com toda a felicidade de uma criança de dois anos pegar a cesta e ver o que a Xuxinha me trouxe daquela vez.

Mesmo sendo um presente especial da Xuxinha, a bota continuava sendo um assassinato à moda, mas, como eu disse, Mãe Bióloga não queria que eu tivesse um trauma de infância e sabia que a bota horrorosa e pesada seria um empecilho em sua missão.

E aí que os agentes colantes entraram em ação.

O famoso *Faça Você Mesmo* (DIY) se popularizou nos últimos anos, mas Mãe Bióloga o inventou. Quando a euforia da cesta passava, ela pegava a cartela de adesivos, me chamava e juntas colávamos todos os adesivos na bota, deixando-a mais "bonita" e personalizada.

E, simples assim, eu, uma criança não muito inteligente, "me achava", com a bota feiona cheia de adesivos. Me sentia uma superestrela, pois além de ter sido presente da Xuxinha, era feita só para mim!

Os adesivos caíam conforme o tempo, mas a Mãe Bióloga fazia tudo que podia para mantê-los colados. Sendo minha única opção de sapato, a bota feiona estava comigo no Natal, ano novo, escola, festa, verão, inverno, qualquer lugar, qualquer dia, qualquer clima. Nem dentro de casa podia tirar.

Mas valeu a pena. Agora tenho joelhos normais e pés com uma curvatura um pouco mais saliente do que o normal, já que foram feitos em laboratório.

Xuxinha gente fina, provando nossa
forte amizade com a mãozona no meu
ombro e o Guto vesgo apreciando o *style*
das botas (sem acreditar).

O avião caiu

Como o avião voa é um mistério para todos nós. Uma máquina que pesa toneladas, flutuando no céu... é feito para não dar certo. O 14-BIS eu até entendo, o negócio era de bambu e seda japonesa e Santinhos[5] era levezinho, mas, hoje em dia, aquele trambolho leva um monte de pessoas e mais as malas de 23 quilos, sem contar o excesso de peso... Não faz sentido.

Como o bluetooth.

A gente não entende como funciona, só aceita sem questionar.

Esse é o típico pensamento que invade a nossa mente quando estamos prestes a voar. Pois bem, o ano era 2010. Pai Engenheiro, Tia do Divã e Tio Careca (licença poética para chamá-lo assim) decidiram passar a virada do ano no *Fim do Mundo*, na Terra do Fogo. Também conhecida como Ushuaia.

Uma cidade de três ruas e geleiras localizada no extremo sul da América do Sul.

---

[5] Santinhos é apenas para os íntimos, talvez você o conheça como Santos Dumont.

Para chegar ao destino, tínhamos que pegar três voos. Um para Buenos Aires, outro para El Calafate e um último até Ushuaia. Pelo menos era assim na minha época.

E, por ser extremamente cansativo, passaríamos alguns dias em um apartamento em Buenos Aires.

Mas o problema começou logo no primeiro voo. Na noite antes do embarque, Tia do Divã teve um pesadelo terrível, nosso avião caía. No meio do voo as turbinas falharam e o avião se despedaçava na cordilheira, deixando apenas a caixa preta e restos de amendoins para trás.

Tia do Divã acordou no meio da noite, atordoada com a ideia. Ela acendeu a luz da cabeceira e chamou as Vozes de sua cabeça para uma reunião de emergência.

A votação foi unânime.

Aquele sonho era uma premonição. Um aviso. Um alerta esotérico que alguém lá de cima enviou a ela em súplica. Algo terrível aconteceria com aquele *Boeing*.

E Tia do Divã havia de ser salva.

Desesperada, ela ligou para Pai Engenheiro, contando cada detalhe sobre a premonição.

— Deixa disso, não vai acontecer nada — ele disse, apenas, com a voz rouca de sono.

Claramente as Vozes da cabeça dele ainda não haviam acordado.

Ela soltou um suspiro, cansada.

— Depois não diga que não avisei. Ah é, verdade... você não vai poder dizer mesmo. Não me assombra, tá?

Tia do Divã mudou suas passagens e as do Tio Careca para um voo que sairia vinte minutos depois para o mesmo destino, por outra companhia aérea.

Então, nos despedimos no portão de embarque, tendo por companhia os primeiros raios de sol da manhã. Tia do Divã disse ainda:

— Não pega um táxi sem a gente, tá? Tô com todos os documentos, o endereço do apartamento, tudo que a gente precisa.

— Beleza — respondeu Pai Engenheiro, pegando na minha mão e entregando nossos passaportes à aeromoça, pronto para embarcar no avião que estava predestinado a nunca pousar.

Pois é, Caro Leitor, se aquela era de fato a última vez que nos veríamos nessa encarnação, não houve uma despedida calorosa. Mas tudo bem, fiz minhas pazes com isso. Talvez eles estivessem ignorando toda a questão, como se não fosse verdade, ou segurando as lágrimas para chorar apenas quando não pudessem ser vistos.

Ou talvez só não se importassem.

O que eu sei é que o voo foi conturbado. Talvez por conta da travessia ou pela tensão que Pai Engenheiro exalava em seus poros.

A cada turbulência, eu via Pai Engenheiro espremer os olhos e se segurar na cadeira. Ele amarrou meu cinto de segurança tão apertado que eu nem conseguia respirar direito e, a cada movimento brusco da aeronave, ele esticava o braço sobre mim.

Pai Engenheiro não conversou com ninguém, não comeu, não dormiu, não assistiu filme, não se levantou e se recusou a afrouxar minimamente o cinto de segurança. Gotas de suor escorriam por sua testa franzida.

Certeza de que as Vozes estavam em puro pânico e desespero, gritando umas com as outras.

Mas o rosto de Pai Engenheiro não transparecia a mais efêmera emoção.

Assim que sentimos os pneus tocarem em terra firme, Pai Engenheiro soltou um "Rá" seguido de algumas palmas solitárias.

Saindo do avião, Pai Engenheiro dizia às aeromoças:

— *Parabiens al piloto. Mui bueno. No caiu. No caiu.*

E assim que pisamos em solo argentino disse:

— Eu disse que não aconteceria nada. Eu já sabia. Essas coisas não acontecem. — Até hoje não sei se ele disse isso para mim ou para ele mesmo.

Pegamos nossas malas e esperamos por Tia do Divã e Tio Careca na saída do aeroporto. Ficamos uma hora esperando. Pai Engenheiro segurava as malas e eu abraçava Teddy com força, sem entender o que estava acontecendo.

Passada mais uma hora, Pai Engenheiro começou a ficar preocupado. O voo deles já era para ter pousado faz tempo, mas não dava nem sinal. Ele deixou de se importar com a taxa de *roaming*, para você ver o nível de desespero, e começou a ligar para Tia do Divã sem parar.

Era 2009, não tinha WhatsApp, wi-fi ou rastreador legal aceito pelo governo. Não tinha como descobrir o que aconteceu com Tia do Divã e Tio Careca. Eles simplesmente desapareceram.

Depois de mais duas horas esperando no aeroporto, Pai Engenheiro decidiu que tínhamos que nos alimentar e ir ao apartamento. Mesmo que não tivéssemos nada. Nem mesmo o endereço.

O que eu lembro desse momento são flashes, leitor. Estava com tanta fome que meu cérebro não tinha a capacidade de registrar memórias, tinha a única e exclusiva função de sobreviver.

Lembro de pegarmos um táxi, mas não faço ideia para onde íamos. Lembro de pedir comida e de Pai Engenheiro responder um "eu sei" enquanto ligava para Deus e o mundo, sem saber o que fazer.

Lembro que nessa viagem de táxi para Sabe Deus Onde, Pai Engenheiro abriu seu coração para o motorista sobre os seus anseios e angústias, enquanto o motorista apenas murmurava *"pero que si"* sem entender nada do monólogo abrasileirado de Pai Engenheiro que nunca chegava ao fim.

Lembro que tivemos que subir uma escada gigantesca e tive que carregar minha mala para cima. E para baixo. Não sei por que subimos e muito menos por que descemos.

Lembro que acabamos indo para um supermercado na periferia de Buenos Aires e tomamos um achocolatado com pão puramente seco, sentados na calçada. Primeira vez que comi na sarjeta, mal sabia que não seria a última.

Chegamos a Buenos Aires às nove da manhã. Às dez da noite, sentados em um banco de praça sem ter aonde ir, Pai Engenheiro cogitava passar a noite na delegacia ou no consulado, o que estivesse mais perto.

Sem ter aonde ir, completamente desabrigados, com as malas ao nosso redor, uma mensagem de outro plano atingiu o celular de Pai Engenheiro em cheio, causando um apito.

"*Voltamos para o Rio. Turbina. Gasolina.*" E o endereço do apartamento com um telefone.

Era a Tia do Divã.

Pai Engenheiro arregalou os olhos assim que recebeu a mensagem. Colocou a mão na boca, como sempre fazia e olhou ao redor confirmando que não tinha mais ninguém ao seu redor. Pelo menos alguém visível aos olhos humanos não treinados.

Nunca vi alguém achar um táxi na rua tão rapidamente quanto Pai Engenheiro naquele momento. Ele pulou no banco de trás do táxi com uma habilidade que deixou o motorista perplexo. No caminho ele ligou para o número e se arriscou em espanhol, explicando o que tinha acontecido.

Leitor, Pai Engenheiro nunca fez uma única aula de espanhol, mas naquele momento ele falava com a mesma fluência de um discurso de Che Guevara, com a fluidez de Cristina Kirchner.

Naquele instante, Pai Engenheiro até conseguiria recitar Dom Quixote sem errar uma palavra.

Depois de muita conversa e exercício de persuasão, Pai Engenheiro fez com que a dona do apartamento entendesse a nossa situação. Mal sabia ela que Pai Engenheiro havia pedido que eu fizesse minha melhor cara de criança chorona que está com medo, fome e frio.

Leitor, não precisei atuar.

— *Pela niña* — disse, fechando a porta atrás de si.

Assim que ficamos sozinhos no apartamento, Pai Engenheiro disse:

— Viva! Finalmente, hein?

E me deu um *HiFive* por minha "encenação" que nos conseguiu um teto para dormir.

Tia do Divã e Tio Careca chegaram às duas da manhã. Ouvi suas vozes ecoarem pelas paredes dizendo:

— Decolamos, mas no meio do voo faltou gasolina e fomos para o Rio de Janeiro. Depois de abastecer voltamos a voar, mas perto da fronteira, uma das turbinas quebrou, falhou, já era. Pousamos em uma cidade minúscula, já que o avião tinha de fato um risco de cair.

O corredor ficou em silêncio.

Até que Pai Engenheiro soltou uma gargalhada dizendo:

— Não me assombra, tá? — imitando a voz de Tia do Divã.

Tia do Divã murmurou alguma coisa, mas apenas a voz do Tio Careca chegou até mim.

— É. De graça é caro.

Encontrei na rua

Uma das partes mais delicadas de ser um pai/mãe divorciado é apresentar para sua cria seu novo par romântico.

Não sou mãe, muito menos divorciada, mas sei que é uma situação bem delicada que gera um desconforto para todos os envolvidos. Além de manifestar futuramente traumas que ainda serão analisados por especialistas, enquanto você está sentado no divã.

É, Caro Leitor, quando se é criança, tudo e nada podem acabar em traumas — possibilidade amedrontadora da qual Mãe Bióloga passava noites em claro fugindo. Afinal, ninguém quer traumatizar o filho pelo resto da vida e depois ter que pagar por isso.

Mas chegou um prazo que não se podia adiar e as Vozes da cabeça de Mãe Bióloga não haviam chegado ainda em um plano estratégico. Decidiram, então, acreditar no processo e improvisar. O famoso "jogar para o universo" e seja o que Ele quiser.

Eu tinha quatro anos quando Mãe Bióloga me deixou na casa de Tia Sorriso e Tio dos Dados assim que a noite caiu.

Leitor, foi uma noite e tanto. A casa deles era um verdadeiro sonho americano. Nada menos que sensacional. Preenchida por todas as paredes de artefatos ligados ao Rei do Rock. Quadros do Elvis, Elvis canecas, Elvis pratos, Elvis almofadas, Elvis cinzeiros, Elvis isqueiros, Elvis retratos, Elvis papéis... tudo que você possa imaginar tinha a cara do Elvis estampada. (Menos a réplica do capacete do Senna.) O *merchandising* que deixaria um fã de carteirinha orgulhoso da coleção. Ou seja, Tio dos Dados tinha orgulho de sua "Coleção Elvisística" como se fosse uma filha.

Tia Sorriso me deu sopa na boquinha, me aconchegou para assistir *Expresso Polar* e arriscou um pique-esconde.

No final da noite, Mãe Bióloga apareceu na porta. Tio dos Dados fez menção para que ela entrasse devagar, pisando no Elvis tapete com cuidado; sua silhueta surgiu na frente de meus olhos.

Com uma sombra atrás.

Mãe Bióloga permaneceu em absoluto silêncio. Assim como todos os outros adultos presentes. Inclusive os bonequinhos do Elvis.

Deve ter dado uma pane generalizada na cabeça de cada um deles. Em seus rostos nitidamente refletia a tela azul do *Windows*.

A sombra atrás de Mãe Bióloga deu um passo para frente entrando no foco da luz.

De camisa flanelada de tons escuros, uma mistura de vinho e azul marinho, cabelo escuro solto até os ombros e um rosto nada familiar.

Todos puxaram o ar com força em resposta imediata a tal movimento ousado. Tio dos Dados abraçou a almofada Elvis mais forte.

Nós quatro e mais as fotos do Elvis encaramos o homem desconhecido sem qualquer reação. Eu conseguia sentir na pele a tensão daquele ambiente.

Mentira.

Qualquer um conseguia pegar na mão a tensão do ar.

Eu olhei para Mãe Bióloga e depois para o homem desconhecido.

— Quem é ele? — perguntei, apontando.

A pergunta que todos queriam fazer, mas ninguém tinha coragem.

Tia Sorriso soltou o ar.

Tio dos Dados deu uma leve risada.

Mãe Bióloga arregalou os olhos.

O homem estranho respirou fundo.

A música de fundo do Elvis parou de tocar.

Mãe Bióloga se voltou para trás como se tivesse certeza de que havia alguém atrás dela.

Até parecia que eles não estavam esperando que eu perguntasse.

— Bom... ele... — Mãe Bióloga claramente escolhia as palavras com cuidado. — É um amigo meu.

— Amigo? — perguntei incerta. Mãe Bióloga não tinha amigos.

— É... — ela diz, abaixando-se para ficar na minha altura. — Encontrei ele na rua.

Eu vi a cena na frente dos meus olhos. Eu vi Mãe Bióloga andando distraída na rua e se deparando com o homem que agora está atrás de si.

Encontrei ele na rua.

Uma escolha de palavras que parece inofensiva para quem não sabe o poder das letras em conjunto.

Dá para perceber que não foi de Mãe Bióloga que herdei minhas capacidades literárias.

Eu, literal, como sempre, olhei para o homem não identificado. Analisei-o mais uma vez. Mas com cuidado, dessa vez.

De novo, todos na sala seguraram suas respirações, na expectativa de saber se eu engoliria ou não as palavras de Mãe Bióloga.

Fiz a pergunta que rodava na minha cabeça alto demais.

— Ele é um mendigo?

Todos caíram na risada.

— Não, Sô... de onde você tira uma coisa dessas?

— Você disse que encontrou na rua...

Demorou anos para eu ser finalmente convencida de que Menino Máximo não era um mendigo. Confesso.

Seria um mendigo chique demais.

A traição de Teddy

Meu coração foi partido pela primeira vez por um moço chamado Teddy.

Teddy, meu mais genuíno e único companheiro, me traiu quando eu menos esperava, na noite em que eu mais contava com a sua presença.

Tudo começou quando Pai Engenheiro disse que passaríamos um feriado no Rio de Janeiro. É claro que levei o Teddy, era inocente suficiente para necessitar da companhia dele para onde eu fosse.

Chegando no Rio, descobri que na verdade ficaríamos na quitinete de Primo Paulista e Jabuticaba.

Descobri também que além de mim e Pai Engenheiro, Tia do Divã e Tio Careca ficariam hospedados na quitinete.

Descobri que cabem sim seis pessoas em uma quitinete, mas o banheiro é que é o problema.

Descobri também que dormiria na cozinha.

Não lembro muito do Rio, mas posso dizer que, pelas fotos, Teddy e eu éramos inseparáveis. Teddy me acompanhou na foto do Cristo Redentor, foi para a praia, para o Jardim Botânico. Para onde fôssemos, eu segurava a mãozinha do Teddy e andávamos lado a lado, explorando o Rio de Janeiro.

No fundo eu sei que Teddy estava gostando da viagem tanto quanto eu.

Até a última noite.

A última noite foi fatídica.

À noite, dormi com Teddy em meus braços na cozinha, mas, de manhã, acordei com o Primo Paulista e Jabuticaba sorrindo.

— O Teddy saiu com a gente ontem à noite — eles disseram, assim que eu abri os olhos, sorrisos estampados em seus rostos.

— Quê? — perguntei, esfregando os olhos.

Primo Paulista mostrou-me as fotos na câmera digital. E eu não pude acreditar no que vi.

Esfreguei meus olhos com força, para ter certeza de que não me enganava.

Era verdade mesmo.

Era o Teddy na balada.

Teddy bebendo.

Teddy se divertindo.

Teddy dançando.

Teddy vomitando na privada.

Não conseguia ver aquilo.

Peguei o Teddy nos braços e disse, chorando:

— É mentira.

— Claro que não, menina, — Jabuticaba mostrava outras fotos. — Não tá vendo? Tem foto.

Meu coração caiu em pedaços no chão gelado da quitinete. Segurei Teddy firme em meus braços, mas logo o soltei. Ele havia me abandonado no meio da noite, quando eu mais contava com sua ajuda, com a sua segurança.

As infantes Vozes não sabiam como processar tão devastadora informação. Elas apenas choraram comigo.

— Tá vendo? Você acha que ele fica com você a noite inteira, mas na verdade ele sai.

Jabuticaba caiu na gargalhada, enquanto eu não parava de chorar.

Até hoje, consigo ouvir os risos e sentir meu choro latejar no peito.

Voltei para São Paulo sem querer tocar no Teddy, com lágrimas nos olhos a viagem inteira. Pai Engenheiro segurava-o no aeroporto e me dava lencinhos esporadicamente.

Assim que cheguei em casa, contei para Mãe Bióloga a traição do Teddy. Eu sei que o coração dela se partiu, assim como o meu, quando viu meu choro descontrolado, observando as lágrimas quase secas escorrerem por minhas bochechas infantis e meus olhos inchados entregarem, mais do que as palavras, a dor que meu pequeno coração sentia.

Ela me disse que era mentira e fez com que o Teddy pedisse desculpas.

Fiz as pazes com Teddy.

Esquecemos o passado obscuro e continuamos melhores amigos durante muitos anos.

Ele era meu grande companheiro, meu melhor amigo, meu confidente, meu parceiro de aventuras; era em quem eu mais confiava no mundo inteiro. Teddy nunca foi apenas um ursinho de pelúcia, Teddy representava, de uma maneira lúdica, uma proteção e uma casa para uma criança que nasceu entre pais divorciados.

A traição dói ainda hoje por tudo que ela representa. Para mim, aos cinco anos, meu único porto seguro havia de fato me deixado. Eu o amava muito e eu sei que ele me amava também, tínhamos um laço de confiança que nunca deveria ter sido quebrado.

No final, entendi que traições de garotos reais doem tanto quanto traições de ursinhos de pelúcia. A confiança de uma criança de cinco anos em seu ursinho de pelúcia é enorme, leitor.

Não nego que a traição de Teddy ainda lateje em meu coração. Mas sei que dói mais no de Mãe Bióloga.

O tráfico dos bloquinhos do Kumon

Nunca fui boa em matemática, esse negócio de números e contas não é comigo. Eu era tão ruim, mas tão ruim, que Mãe Bióloga ficou preocupada que eu fosse repetir o quinto ano por não saber absolutamente nada.

Em minha defesa, Mãe Bióloga é preocupada demais. Eu não estava tão mal assim na escola, português e história me salvavam, mas as notas vermelhas foram o suficiente para levar as Vozes da cabeça de Mãe Bióloga à loucura.

Ela se debatia entre ensinar ela mesma na marra ou contratar um professor particular. Mas ela não tinha a menor paciência para ensinar e professores particulares são caros e é deprimente depender de um quando se está no quinto ano do Fundamental I.

Saindo da livraria, Mãe Bióloga foi iluminada. Os deuses da matemática enviaram uma mensagem a ela. Uma iluminação divina que mudaria o percurso da minha vida.

Eu tinha tirado o livro da sacola, abrindo-o com pressa para cheirar suas páginas, mas um marcador deslizou de dentro do livro e caiu no chão. Como na cena de um filme, Mãe Bióloga pegou o marcador e o olhou. Uma ideia. Consegui ver nitidamente uma lâmpada piscar no topo de sua cabeça.

A resposta que as Vozes buscavam.

No dia seguinte, Mãe Bióloga me levou para o lugar abençoado que tinha sido proposto. Na época eu não sabia que ela tinha passado a madrugada inteira analisando todas as possibilidades, como sempre faz.

Era uma casa de esquina. O laranja já estava desbotando, ficando mais em um tom de coral. Na parte de baixo havia uma loja de distribuição de galões de água ou algo do gênero, mas, ao lado, uma porta branca que vivia emperrada era nosso fatídico destino.

Mãe Bióloga tocou a campainha com um sorriso no rosto. Não era um daqueles sorrisos amigáveis ou até simpático, era o tipo de sorriso que anunciava que ela aprontaria algo comigo e pedia desculpas antecipadas.

Uma mulher de sotaque caipira atendeu o interfone, Mãe Bióloga avisou sobre nossa visita. A trava da porta começou a fazer barulho e Mãe Bióloga tentou abri-la.

— Não tô conseguindo... — disse fazendo força.

— Dá um chute que abre — respondeu a mulher pelo interfone.

Mãe Bióloga deu uma bicuda na porta.

— Abriu?

— Abriu.

Demos de cara com uma *loooonga* escada.

— Vai, Sô, sobe — Mãe Bióloga disse, empurrando-me com gentileza. Sua voz entregava que ela também estava assustada.

No andar de cima, uma mulher ruiva nos recebeu com um largo sorriso. Ela fincou os olhos em mim e disse, com um sotaque do interior puxado:

— Nossa! Uma Menina *Serueia*! Óia esse cabelão!

O lugar era pequeno. Algumas mesas pela sala, a mesa da *Dona Kumoner* bem próxima da escada, a janela de frente para a rua, mas tudo permanecia escuro.

Naquele dia eu só fiz o teste para saber meu nível *Kumonesco*, mas na quinta já voltaria para fazer os bloquinhos abençoados.

Se você é muito sortudo ou muito esperto e não sabe como funciona o Kumon, eu explico: Kumon é um método que prega que, se você fizer quinhentas mil vezes a mesma coisa, você aprenderá. Não, eles não estão preocupados com a sua saúde mental ou como enche o saco, você tem que fazer. O sistema é dividido em fases que vão de A a Z, em cada fase tem quinhentos bloquinhos com, sei lá, cinquenta exercícios em cada.

Você vai passando de nível. Portanto, todo dia eu tinha que fazer lição do Kumon. Até nas férias.

Às terças e quintas eu fazia os exercícios na própria unidade e levava o resto para casa.

Leitor, eu emperrei no nível E, que era o da tabuada. Não conseguia passar por nada desse mundo. Aí você se pergunta o porquê, certo? Qual é o meu nível de burrice matemática? Vou te contar um segredo: eu traficava bloquinhos do Kumon.

Sim.

Eu arrancava algumas páginas da minha lição de casa e as escondia no meu quarto. No começo foram uma ou duas — mas no final já era o bloquinho inteiro.

Eu escondia no guarda-roupa, dentro da gaveta, jogava pela privada, dentro de livros, em qualquer lugar. Escondia tanto que, até hoje, encontro um ou outro bloquinho de Kumon perdido por aí.

Era uma prática inocente que se tornou um vício. Eu precisava arrancar páginas de bloquinhos de Kumon para sobreviver.

A questão é que o Kumon em si já previa tal acontecimento, o mundo está cheio de crianças rebeldes e os mestres *Kumonescos* precisavam de uma solução, que nada mais era do que a numeração das páginas. No começo, quando eu entregava a minha lição "feita", a Mulher Sereia achava engraçado pular da página 2 para a página 9, mas depois ela apenas ignorava e aceitava.

Foi então que eu comecei a passar a técnica para meus semelhantes que sofriam tanto quanto eu.

Quando me dei conta, todos da minha unidade estavam arrancando páginas e mais páginas.

A epidemia se alastrou e logo o problema passou para outras unidades também. Os mestres *Kumonescos* fizeram uma reunião para acabar de vez com o problema, mas nada era efetivo. O caos já estava instaurado.

Sabendo do que eu havia causado, minhas sábias guias *Kumoners* começaram a triplicar a quantidade de bloquinhos que eu tinha que fazer.

Foi diante dessa situação que o verdadeiro tráfico começou. Essa solução encontrada pelos *Kumoners* começou a ser aplicada a todos os rebeldes que arrancavam demais as páginas dos bloquinhos.

No recreio da escola, no intervalo da Cultura Inglesa, no vestiário da natação, onde eu tinha acesso... encontrava pessoas reféns do método Kumon em níveis próximos ao meu e trocávamos bloquinhos. Elas me davam bloquinhos vazios, eu entregava os mais cheios e eventualmente eu pagava um real para o bloquinho já feito.

Oscilavam também as vezes em que eu fingia esquecer os bloquinhos no Kumon. *Ops, esqueci de novo! Que cabeça a minha...*

A Mulher Sereia ria, mas aceitava; já a Dona *Kumoner* ficava brava. Ela dizia que era um absurdo o que eu fazia, que não podia *et cetera* e tal. Ela chamou Mãe Bióloga várias vezes para conversar sobre isso, mas nada adiantava.

O que elas não esperavam é que eu estava usando o método Kumon contra elas.

Fazia quinhentas mil vezes a mesma coisa, alternando entre métodos *anti-Kumonescos* até que elas aceitaram e me passaram de nível.

Pulei direto do E para o H.

E ainda dizem por aí que psicologia reversa não funciona.

Toda terça e quinta eu subia as escadas que, por algum motivo, pareciam ganhar mais degraus com o passar dos anos, dava oi para as minhas duas mestras *Kumonescas* e sempre, toda vez, ouvia um "Oi, Menina *Serueia*".

Fingia fazer bloquinhos, mas na verdade, ficava conversando com a Mulher Sereia sobre a novela das sete, os babados da vida e as crianças vítimas que passavam por lá.

Depois de muitos anos, quando eu já estava quase no nono ano, a Dona *Kumoner* teve um problema na perna e precisou fechar a unidade; por isso eu saí.

Parece ridículo, mas eu chorei até dormir no dia em que recebi essa notícia.

Eu ODIAVA o Kumon. Era um método criado para infernizar a vida de uma criança. Honestamente, acho que tenho uma bronca com a matemática justamente por conta disso. Ô coisinha chata. Se nem os mais modernos dos robôs aguentam fazer a mesma coisa quinhentas mil vezes por dia sem arrear a bateria, por que eu, uma criança com tanto para viver, aguentaria?

Mas, mesmo assim, criei um afeto especial pelas duas mulheres que me acompanharam nessa jornada durante tanto tempo. Mulher Sereia e Dona *Kumoner*, vocês para sempre estarão presentes no meu coração.

E em todo e qualquer exercício de matemática sua memória será lembrada.

O Kumon era um saco, mas quem estava lá me fazia acreditar que eu estava no melhor lugar do mundo.

Me senti importante pela primeira vez, seja batendo papo, arrancando página ou traficando bloquinhos.

Ps.: Dona *Kumoner* e Mulher Sereia, não sei o que aconteceu com vocês, mas gostaria de mandar um beijo no coração e dizer que vocês duas têm um lugar muito especial no meu. Até hoje odeio matemática, mas vocês me deram um bom motivo para tentar. Sempre acreditavam no meu potencial quando nem eu acreditava, mesmo quando eu traficava bloquinhos e só queria bater papo. Obrigada.

Uma conta, um cartão, cinquenta reais e nenhum dinheiro

Eu e Prima Pisciana queríamos passar a tarde no Shopping JK Iguatemi. Estávamos no meio das férias de julho. Existe um momento na vida dos pré-adolescentes paulistanos em que simplesmente se esgota a vontade de ir aos mesmos shoppings de costume e é preciso apelar para a criatividade.

Há a necessidade de inovar, Caro Leitor.

Tínhamos apenas treze anos e não éramos responsáveis o suficiente (critério de nossos pais) para ter um cartão de crédito ou andar por aí com dinheiro vivo. A solução encontrada para tal problema foi um mágico cartão de débito pré-pago onde se colocava uma quantia (que no nosso caso nunca passou dos cem reais) e estávamos limitadas a gastar apenas aquele valor. Qualquer centavo a mais do que o existente no cartão dava erro.

Era o que eu e Prima Pisciana tínhamos. Era tudo que podíamos gastar. Tudo que tínhamos direito de usufruto.

Outra informação adicional, Caro Leitor, que talvez seja bom você saber, é que o estacionamento desse shopping custa R$27/hora. Naquela época... Deu para entender, né?

Colocamos nossas melhores roupas e Tia dos Olhos Azuis deu carona.

Percebia na ida ao shopping que Prima Pisciana tentava me dizer algo com os olhos. Ela os espremia e depois os arregalava como se tentasse me avisar, mas não conseguia saber se estava tentando passar uma mensagem codificada ou se um bicho tinha atingido, em cheio, o seu globo ocular.

Saímos do carro agradecendo a carona e dizendo que ligaríamos quando quiséssemos ir embora. Assim que colocamos os pés dentro do shopping, Prima Pisciana parou e disse rapidamente, me encarando:

— Vamos comer no Spot, tá?

Eu não neguei. Concordei com a cabeça enquanto caminhávamos em direção ao restaurante.

Talvez Prima Pisciana estivesse com muita vontade de comer uma massa de lá, não sei.

Fomos ao Spot e nos sentamos em uma mesa ao lado da janela. Prima Pisciana nem olhou o cardápio, disse que já sabia exatamente o que queria, enquanto eu ainda investigava o que comeria.

Quando o garçom foi retirar nossos pedidos, Prima Pisciana disse que queria a versão *kids* do prato X e sem nenhuma bebida e nenhum acompanhamento. Assim que ele saiu, ela disse afobada:

— Já vou avisando que não vou pagar os 10% também.

Olhei para o garçom distante e depois para ela.
— Mas o que ele fez?
— Ele não fez nada. Só não posso pagar.

Olhei para o garçom e depois para ela mais uma vez. Não estava entendendo nada.

— Sabe o que é — ela disse, baixinho, me contando um segredo —, é que eu tô pobre.

— Como assim, você tá pobre?

Ela balançou a cabeça em negação e se recostou na cadeira.

— Não é nada... deixa para lá.

Nossos pratos chegaram. Prima Pisciana comeu em dois palitos a versão *kids* do seu prato e logo pedimos a conta. Percebi como Prima Pisciana endureceu na cadeira quando o papelzinho amarelo chegou até nós. Enquanto eu examinava a conta, Prima Pisciana disse logo:

— Minha parte é cinquenta reais.

Olhei para os 170 reais na conta.

— Impossível. Deu um total de 170 reais.
— Mas eu disse que não pagaria os 10%.
— É sem os 10%.

Ela arregalou os olhos e empalideceu. Se inclinou sobre a mesa e apenas fez um movimento para que eu lhe desse a conta.

Prima Pisciana soltou o ar com força.

— Ferrou — ela disse em um óbvio choque —, eu devo ter visto o cardápio de outro lugar.

Ela me entregou o papel amarelo e se recostou na cadeira suspirando.

— Você vai ter que pagar para mim — ela disse por fim.

— Quê? Por quê?

— Porque, como eu disse, eu tô pobre.

Balancei a cabeça.

— Como assim?

— Eu só tô. Depois a minha mãe paga a sua.

Ficamos em silêncio.

Eu não queria pagar a parte dela pois sabia que Mãe Bióloga me estrangularia se soubesse que eu, aos treze anos, paguei 170 reais em um restaurante. Além disso, não estava entendendo nada do que estava acontecendo e Prima Pisciana achou melhor não explicar.

— Eu só tenho o cartão, não sei se tem dinheiro suficiente, se não passar...

— Relaxa, vai passar — ela me disse com tanta veemência que só me restou acreditar.

Se Prima Pisciana falou está falado. Vai passar. Não tem erro.

O garçom veio com a maquininha e eu coloquei meu cartão pré-pago. Se Prima Pisciana tinha fé, eu também tinha. Ia dar tudo certo.

Prima Pisciana segurava o ar apreensiva, seus olhos mostravam um constante estado de alerta e seu rosto se desfigurava com a tensão.

Coloquei a senha.

Tinha que passar.

Enquanto a maquininha processava, Prima Pisciana estava com a mão na boca. Nós duas sabíamos do risco que corríamos. Como o cartão era pré-pago, se não houvesse o mínimo de 170 reais, não passaria e nós...

— Não passou — disse o garçom, olhando para mim.

Olhei em desespero para Prima Pisciana que, por sua vez, bateu a cabeça com força na mesa.

— Tenta de novo, moço — disse.

Cruzei os dedos por debaixo da mesa.

Prima Pisciana levantou a cabeça devagar e fixou o olhar na maquininha como se fosse fazer funcionar.

— Não passou — ele repetiu.

— Toma — Prima Pisciana disse, passando um bolo de notas de dois para o garçom. Tira isso, faz 120.

O garçom balançou a cabeça analisando as 25 notas de R$2 amassadas, sujas e rasgadas nas pontas. Colocando no bolso do avental, fez o que ela pediu.

Olhei para os olhos arregalados de Prima Pisciana, ela segurou o olhar enquanto eu segurava o ar.

— Não passa também.

Olhei para Prima Pisciana gritando com os olhos que me respondeu com a mesma intensidade.

— Passa o seu cartão — disse a ela.

— Então — ela disse com uma calma que não correspondia com a nossa situação desesperadora —, agora seria uma boa hora de te contar que eu perdi o meu cartão na chuva.

— O quê?!

— Daqui a pouco eu volto para cobrar mais uma vez — disse o garçom, saindo de perto da nossa mesa. Balançamos a cabeça enquanto ele se retirava.

Olhei para Prima Pisciana com os olhos fulminantes. Como assim ela perde um cartão na chuva?

Os garçons tiraram tudo que havia na nossa mesa. O vaso de flor, o saleiro, o jogo americano, até os guardanapos. Ficamos apenas com a madeira pelada, um cartão pré-pago e nenhum dinheiro.

— Ninguém sabe que eu perdi o cartão — ela disse com a mão na cabeça. — Foi na chuva e...

— Como se perde um cartão na chuva?

— Eu sei lá! Tava chovendo! Ele foi embora por um bueiro. Eu não sei...

— Mas de onde veio esse dinheiro? Esses cinquenta reais?

— Quebrei um cofrinho. Já tava meio velho e vazio; não tinha mais um motivo para esperar, sabe? Além disso, era uma emergência, né?

— E tinha só cinquenta reais em notas de dois?

— Tava guardando faz tempo, tá? Você tem noção de como é difícil economizar? E eu sabia que seriam só cinquenta reais aqui. Eu vi o cardápio na internet. Agora, você liga para a sua mãe pra ela colocar dinheiro no cartão.

— Minha mãe tá numa reunião. Pede pra sua.

— Mas em qual cartão? Perdi na chuva.

Ficamos inquietas, sentindo as batidas erradas de nossos corações, o peito fechado e, no meu caso, os sintomas de uma crise de asma iniciando.

Estávamos entre a cruz e a espada. Mãe Bióloga estava inacessível no momento e Tia dos Olhos Azuis não podia saber do ocorrido com o cartão pré-pago. Ela ia comer o fígado de Prima Pisciana.

Enquanto nos debatíamos por mais de meia hora, os garçons passaram para cobrar mais cinco vezes.

No começo murmurávamos algo como "calma, moço, já vai" que passou para "a gente tá tentando" e terminou em um leve aceno de cabeça desesperado.

— Vem cá, será que é verdade quando dizem que a gente vai lavar os pratos? — disse, quando o garçom andou para longe de nossa mesa pela quinta vez.

— O que a gente vai fazer? Eles já tiraram tudo da mesa, achando que a gente vai roubar.

Ela apontou em um gesto largo para a mesa pelada.

Encurraladas, sem opção e com a desesperança de um futuro trágico, ligamos para Tia dos Olhos Azuis; apenas ela poderia nos salvar. Mesmo que cobrasse um preço alto.

Leitor, o tempo era curto, Prima Pisciana temia sermos expulsas do restaurante, enquanto eu temia ficarmos lá para sempre.

Tia dos Olhos Azuis não deu resposta imediata. Ela ouviu o que tínhamos a dizer e esperou mais meia hora antes de dar sinal de vida.

Nesse meio-tempo, Prima Pisciana e eu nos agarramos à cruel esperança de que Tia dos Olhos Azuis apareceria para nos salvar, enquanto todo o restaurante acreditava fervorosamente que nós ainda pagaríamos.

Depois do que pareceu uma longa eternidade, Tia dos Olhos Azuis ligou, dizendo que estava na porta do shopping e que era para irmos lá buscar o dinheiro. Ela se recusou a entrar por questões de "passar vergonha".

Como se a nossa espera de três horas para pagar uma única conta não fosse humilhação suficiente para nós.

Pagamos os 170 reais (finalmente, graças a um bem maior) e ouvimos durante todo o caminho de volta a bronca de Tia dos Olhos Azuis sobre a conta e o cartão perdido na chuva.

A partir daquele dia, Prima Pisciana e eu sempre andamos com dinheiro; o cartão pré-pago foi para sempre expulso da nossa família e nunca mais retornei ao Spot.

Tiens

Durante um tempo fui hostess do Outback Steakhouse na Austrália. Sim, Caro Leitor, a única coisa mais australiana que isso é começar o dia com um *breaky* dizendo *"G'day Mate"*.

Talvez seja prudente te avisar desde já que os australianos não falam as palavras direito. Não. Eles cortam tudo na metade e esperam que você entenda o que eles querem dizer.

E você, turista idiota, vai fingir que entendeu, balançar a cabeça veementemente e se ferrar incontáveis vezes.

Era sexta-feira. Assim que subi as escadas do Outback, pronta para começar mais um turno de hostess, meu gerente disse, suado e sem fôlego:

— Estamos completamente lotados hoje, completamente reservados. — Ele abriu o caderno grande onde anotávamos todas as reservas. — Temos várias festas de comemoração de fim de ano; você vai ter que limpar as mesas o mais rápido que pode para rodar.

Ele pegou o mapa do restaurante e um caderno:

— Anote as pessoas que chegarem aqui; você sabe como funciona o mapa. Hoje teremos que trabalhar com lista de espera. O mais importante: não aceitamos reserva para hoje. Nenhuma.

— Tá...

— Ótimo! — ele me deu um leve tapa no braço. — Você consegue, *sparky*.

Olhei para o livro com as reservas. A maioria estava marcada para às 8 e 9 horas da noite.

Eu limpava as mesas para rodar, sabendo que o horário mais movimentado estava para começar, quando o telefone toca.

— Outback Steakhouse, como posso ajudar? — digo, tirando o telefone do gancho.

— Oi, posso ter uma mesa para *tiens*? — a voz do outro lado dizia, com um sotaque australiano arrastado para o qual a Cultura Inglesa não havia me preparado.

— Olha, não estamos aceitando reservas hoje, mas se você chegar aqui posso ajudá-los.

— São *tiens*.

— Sim, se você chegar posso acomodá-los, mas não estamos fazendo reserva hoje, estamos lotados.

— Vocês não estão fazendo reservas, mas sentaria uma mesa de *tiens*?

Honestamente, leitor, para mim "tiens" era na verdade "teens" (adolescentes) em um sotaque australiano bizarro. Que tipo de pergunta era aquela? Ele achava que a gente não aceitava uma mesa de adolescentes?

— Bom... sim...

Nem eu sabia o que estava afirmando.

E esse, meu Caro Leitor, era o erro. Lição número 1: nunca afirme o que você não sabe.

— Perfeito! Chegamos aí às 20h30.

E desligou.

Olhei para o relógio e depois para o restaurante que estava começando a lotar. Pouco de mim sabia que eu tinha feito cagada.

Quase todas as mesas reservadas já estavam ocupadas. O restaurante estava oficialmente lotado. Fui até a minha mesa pegar a lista de espera quando um grupo de pessoas chega. Alguns saem do elevador, outros da escada, mas eram muitos.

Muitas pessoas mesmo.

Vários casais de meia idade para cima.

Segurei a lista de espera com força contra o peito, como se fosse me proteger.

Um homem calvo de meia idade veio até mim e diz, olhando em volta.

— Falei com uma menina no telefone... reservei uma mesa para às 20h30.

Fiz o que qualquer ser humano faria naquele momento: fingi demência.

— Hm... certo... — Abaixei a cabeça como se buscasse a reserva dele na folha em branco que eu sabia que não tinha nada. — Desculpa, qual é o seu nome?

— Não deixei o meu nome.

Óbvio que não deixou, eu que atendi.

— Hm... que horas o senhor ligou?
— Às 19h30.
Passei o dedo trêmulo na folha em branco mais uma vez.
— Senhor, estamos completamente lotados, acredito que a pessoa que o atendeu avisou.
Nunca na vida que eu vou assumir que fui eu quem atendeu o telefone, vou colocar a culpa em outra pessoa, isso sim.
— Sim, mas disse que nos atenderia.
— Hm... claro... — Olhei em volta em busca de uma salvação. Talvez seria melhor se... — O senhor é que pediu uma mesa para *teens*, certo?
— *Tiens* — ele respondeu.
— *Teens* — reafirmei.
— Não. *Tiens* — e abriu as duas mãos na frente dos meus olhos, fazendo um perfeito dez com os dedos.
— Ah... *tens*.
Dez.
Ele queria uma mesa para dez pessoas. E o restaurante estava completamente lotado.
Por que a Cultura Inglesa não me avisou que *tiens* é DEZ? Em minha defesa, a culpa é toda da Cultura.
O homem calvo das *tiens* olhou em volta.
A *bartender* trocou um olhar comigo como se desejasse boa sorte.
— Cadê o seu gerente? — ele diz, colocando as mãos nos bolsos.

Uma frase simples, mas que destrói o coração de qualquer um que dependa de um mestre instrutor com poderes sobrenaturais de demitir, chamado gerente.

Eu vi minha alma sair do corpo. Meu sangue desapareceu de todas as minhas veias. O ar parou de entrar nos meus pulmões. Meu cérebro parou de raciocinar. As Vozes simplesmente pararam de falar.

Silêncio.

Tudo caiu em silêncio pelo que pareceu ser eterno.

Eu estava condenada.

— Vou chamá-lo. — As únicas palavras que fui capaz de balbuciar.

Caminhei para o fundo do restaurante, apoiando-me no balcão do bar. A *bartender* me olhou, verificando se estava tudo bem, ao olhar para meu rosto mais pálido do que uma folha sulfite.

— Quer sal?

— Foi bom trabalhar com você! — Eu sabia que minha morte me aguardava.

Contei para o meu gerente e juro que consegui ver pelos olhos dele todos os xingamentos.

Ele explicou para o Homem das Tiens o engano do inglês e tudo mais (culpa da Cultura), mas o homem não queria saber. Estava furioso.

Meu gerente tentava amenizar a situação, enquanto eu dei alguns passos para trás, como se fosse me desfazer do problema. Leitor, em toda a minha vida, nunca vi alguém tão furioso como o Homem das Tiens.

Conforme ele gritava, o sangue subia para a cabeça e ele ficava mais e mais vermelho, eu jurava que aquela veia no pescoço dele explodiria a qualquer segundo. Ele apontava o dedo enquanto urrava atrocidades ao meu respeito.

Acho que, durante toda a minha existência, nunca falaram tão mal de mim.

Conseguia ver nitidamente a minha demissão chegar. Sabia que meu fim estava próximo.

A vida do Homem das Tiens dependia desse jantar de sexta-feira no Outback. *Dependia*. Aquele era o fim do mundo.

Para mim e para ele.

Com muita conversa, muita terapia e água com açúcar, conseguimos sentá-los em uma boa mesa. Aí ele se acalmou. Ganhou até uma sobremesa grátis.

O homem se deu bem, no final das contas.

Mas admito que, quando eles pediram a conta, me escondi no banheiro.

Meu gerente me fuzilou com os olhos pelo resto da noite e nunca mais me deixou pegar reservas.

Mas não fui demitida.

Acredito genuinamente que meu trabalho de *hostess* era uma vocação divina já que, mesmo com acidentes como esse, continuei empregada e o Homem das Tiens não me fez nenhum mal.

Além de vocação divina, escudo de proteção.

Perdidas no mar

O barco em que estávamos era digno de um filme. Tão grande que fazia com que qualquer um que não o conhecesse (como nós), se perdesse.

Estávamos tomando sol na proa quando a Dona do Barco perguntou se queríamos andar de *stand-up* no mar translúcido.

— Claro! — respondemos em uníssono. Quem seria o louco de negar?

Dona do Barco pegou as duas pranchas e os dois remos.

— Tem um problema: a gente só tem dois e... somos em três. Vocês podem dividir um se quiserem.

Rabanete olhou para mim perguntando com os olhos se daria certo.

— Eu nem sei remar direito... — Rabanete começou a dizer, mas eu a cortei.

— Relaxa — disse, animada. — Pode deixar que a gente divide.

Rabanete arregalou os olhos e balançou a cabeça, murmurando um "tá de sacanagem" inaudível a quem não a conhecesse.

Colocando as duas pranchas na água e pulando em seguida, Dona do Barco subiu em uma das pranchas graciosamente e se pôs a remar pelas águas cristalinas, enquanto Rabanete fazia o que podia para não afundar e eu tentava ao máximo subir na prancha sem fazê-la virar.

— Meu — Rabanete chamou, esticando a cabeça e lutando para que não entrasse água em sua boca —, ela já tá remando lá longe.

Apontou com a cabeça para Dona do Barco, que remava com tanta facilidade que nos deixou com inveja.

— Calma, é só a gente subir que a gente a alcança, — respondi sem acreditar nas minhas próprias palavras.

— Sei... — Rabanete pronunciou a palavra com força, enquanto se debatia para permanecer com sua cabeça na superfície.

Quando finalmente consegui subir na prancha, depois de muito esforço, olhei para Rabanete que, apoiada com os braços na prancha, mexia suas pernas rapidamente com força para não afundar.

— Sabe remar? — perguntei.

— *Puff*, até parece — ela respondeu.

— Vem — disse, esticando a minha mão. — Você se senta aqui na frente.

Rabanete se sentou na frente da prancha, de pernas cruzadas, e eu tentava ficar de pé para conseguir remar, mas não havíamos percebido que uma corrente nos levava para longe do barco.

— O que vocês estão fazendo? — Dona do Barco gritou, distante. — Vem pra cá.

Olhamos para ela, de pé, na prancha, segurando o remo como se já tivesse nascido com ele.

— A gente tá longe, né? — Rabanete disse, entortando a cabeça e observando nossa amiga distante.

— Relaxa, a gente rema e chega lá rapidinho.

— Sei...

— Tá... — Fiquei de pé. — Agora a gente vai.

Comecei a remar, mas a prancha parecia não sair do lugar. Será que estava fazendo direito? Comecei a passar o remo de um lado para o outro com força, mas nada ajudava, a água se mexia, formando uma espuminha com o agito, mas continuávamos paradas.

— Rapidinho, né? — Rabanete murmurou passando a mão de leve na água translúcida brincado com a espuma. — E ela tá lá longe...

— Quer remar então?

— Eu não. Mas, se ajuda, posso fazer assim. — Rabanete foi mais para a ponta da prancha, abriu as duas pernas e começou a fazer impulso com o corpo para irmos para a frente.

Os trancos de Rabanete fizeram com que a prancha se mexesse, começamos a nos mover devagar.

— Rabanete — disse, olhando em volta —, acho que estamos em uma corrente, a gente tem que se esforçar mais.

— Tá.

Rabanete começou a dar trancos mais fortes e eu me ajoelhei na prancha para manter o equilíbrio e comecei e a remar com mais força ainda. Passamos uns dez minutos assim, nos esforçando incansavelmente, deixando com o que sol carioca nos martirizasse. Não importava quanto nos esforçássemos, quanto tentássemos e quantos trancos Rabanete dava, nada adiantava. A corrente nos levava cada vez mais distante do barco.

— Não tá funcionando. A gente nunca vai sair daqui — disse, apreciando o barco grande ir diminuindo na minha frente.

Sentei na prancha enquanto Rabanete olhava para nossa amiga distante.

— Parece que ela tá cada vez mais longe — disse.

— E não tá?

Foi então que o cheiro de churrasco vindo do barco chegou até nós.

— Gente! — Dona do Barco gritou. — Vou entrar, mas tô esperando por vocês lá, tá?

— Tá... — respondemos desanimadas, observando lentamente o barco ir se distanciando.

— Ela tá de sacanagem, né? A gente vai ficar aqui para sempre! — Rabanete se virou para mim. — A gente vai ter que caçar peixes para sobreviver!

Olhei em volta, em busca de uma costa. Qualquer coisa a gente escrevia um *HELP* com gravetos e um helicóptero nos encontraria. Mas não havia nada na minha visão além de água.

— Calma, eles não vão nos deixar aqui.

— Eles já nos deixaram — Rabanete respondeu, seca.

Olhei para seus olhos arregalados e sua sobrancelha franzida. O cheirinho de churrasco brincava com nosso estômago, nossa barriga roncava, mas o mar queria nos torturar.

As Vozes estavam em seu mais alto e absoluto silêncio. E é assim que você sabe que está verdadeiramente em perigo.

— Tenho uma ideia — disse, explicando meu plano, que não poderia dar errado.

— Tá.

Rabanete foi até o final da prancha, se deitou de barriga para baixo com as pernas para fora se pondo a batê-las com força, como se fosse sua única chance de sobrevivência.

Já eu, sentei na ponta oposta, abri as pernas e comecei dar os trancos para frente enquanto remava.

E começamos a nos mexer.

— Tá dando certo! — gritei da frente.

— É... — Rabanete grunhiu atrás.

Começamos a suar e parávamos de vez em quando, acreditando que iríamos desidratar ou algo do gênero.

Olhávamos para o sol e nos perguntávamos por quanto tempo mais ele nos castigaria, mas sabíamos que as nossas vidas estavam genuinamente em risco, não podíamos nos dar ao luxo de ficar à deriva. A qualquer momento o grande barco branco zarparia e ficaríamos para sempre presas naquela prancha de *stand-up* com a esperança de que um dia nossos pais nos achariam.

Depois de uma hora que mais parecia três (já que, para quem está à deriva, o tempo passa devagar) continuávamos longe do nosso destino. Muito, mas muito, muito longe. O barco era um ponto branco no azul, para nós.

— Eu não aguento mais — Rabanete implorou —, eu juro que não aguento mais. Não sinto as minhas pernas.

Voltei-me para trás, suspirando, agarrada no remo como se ele fosse me proteger.

— Quer trocar? — pergunto, desanimada.

— Pode ser — Rabanete responde ainda mais deprimida.

Eu me coloco no lugar de Rabanete enquanto ela fica no meu. Mas eu não tenho a mesma agilidade para bater as pernas e ela não tem a minha habilidade de remar[6].

— Será que não tem bicho aqui? — Rabanete disse, parando de se mexer.

---

[6] Caro Leitor, não é que eu saiba remar. Eu não sei. Mas pelo menos comigo estávamos avançando, tínhamos ainda a esperança de chegar em algum lugar, eventualmente. Com Rabanete no remo, estávamos andando em círculos. Literalmente.

— Bicho? — repito, parando de bater as pernas. Ai que delícia, eu ainda sinto as duas.

— É... tipo peixe, baleia, tubarão... será que não tem nada disso aqui?

Eu subo na prancha, levada por um claro pavor de algo ainda não imaginado, e olho em volta da água cristalina.

— Você viu alguma coisa? — pergunto, temendo a resposta.

— Não — ela responde dando de ombros. — Mas só porque não vi não quer dizer que não tenha.

Não respondi. Vou responder o que, Caro Leitor? *Estamos seguras, a prancha nos salva e damos com o remo na cabeça do tubarão?*

— Vai — digo, me esforçando para deixar as palavras de lado —, *vam'bora*; eu vou para frente e você para trás!

— Tá! — Rabanete volta para a posição original.

— Pronta?

— Pronta.

Caro Leitor, Rabanete bateu as pernas a ponto de alcançar a velocidade de cinco motores em toda potência. Eu dei tantos trancos e remei com tanta força de vontade que encarnei Pai Engenheiro no bote inflável.

Aprendi, nesse dia, que a esperança é de fato a última que morre.

Com a velocidade de vinte mil batidas de pernas por hora, chegando a sentir o vento bater em nossos corpos e chegando a formar aquele "V" rasgando a água atrás de nós; me agarrei à chance de sobrevivência. Eu viveria e comeria aquele churrasco na laje.

— Ei! — Dona do Barco gritou do segundo andar, com um prato na mão e uma taça de cristal na outra. — Vem logo!

— *Tamo* tentando! — Rabanete rugiu, batendo as pernas com força. — Saco — disse em um murmúrio —, parece que nem vê que a gente tá tentando.

O cheiro do churrasco nem chegava mais em mim, me sentia no bote com Pai Engenheiro, lutando para sobreviver, observando um iate, de longe, desejando estar nele. *Ainda bem que ele me ensinou a remar no bote*, pensei.

Depois de muito esforço, suadas, com insolação, fugindo de um Monstro dos Mares imaginável e pelo menos mais uma hora e meia chegamos no barco.

— Credo — Rabanete disse, quando subimos —, nem sinto as minhas pernas.

Dona do Barco veio até nós com um sorriso no rosto, segurando duas toalhas macias.

Paraíso.

— Demoraram, hein? — Dona do Barco diz com a mão na cintura.

Rabanete lançou um olhar fulminante, enquanto eu respondia um "pois é...". Me embrulhei na toalha e Rabanete disse afobada:

— E o churrasco? A gente tava sentido o cheiro lá longe. Tô com mó fome...

— Só tem o que sobrou. Vem, eu vou com vocês.

Dona do Barco subiu as escadas para o segundo andar e Rabanete disse me olhando:

— Ela tá de sacanagem, né?

Não estava.

Mas o que ainda existia de comida estava uma delícia. Aquele velho gosto de vitória e conquista, sabe?

Confesso, melhor churrasco da minha vida.

Pelo menos o que sobrou dele.

— Cara — Dona do Barco disse casualmente, enquanto eu e Rabanete atacávamos o que podíamos, enfiando na boca —, fiquei preocupada, sabia? Lá onde vocês estavam dizem que tem muito tubarão. É um local de caça de tubarão.

Rabanete cuspiu o suco.

— Você tá de sacanagem, né?

Escondidinho de milhões

Quem tem a coragem de encarar o mundo sabe que tem que levar a saudade no bolso e aprender a respeitá-la quando arder como urtiga. Quem tem a audácia de explorar esse planeta sabe muito bem que as saudades vêm sem nenhum aviso prévio, te consumindo por inteiro, arrancando tudo e se instaurando por completo.

Alguns dizem que ela fica mais forte à noite, quase como uma tosse. Isso só vale para quem nunca a sentiu durante o dia.

No começo é duro. Todo dia ela bate mais forte, arde um pouco mais, judia do seu coração um pouco mais. Depois de um tempo, você a guarda, perdendo de vista, mas ela nunca te deixa. Como aquele chiclete que leva no fundo da bolsa, esperando o momento certo para ser usado. Às vezes nem é o momento certo, às vezes ela só chega quando uma pequena brecha se abre.

Já estava longe de casa fazia tempo e a vontade de comer uma comida *à la brasileira* batia forte.

Depois de um tempo, seu estômago não aguenta mais hambúrguer e macarrão, há a extrema necessidade de comer aquilo que sustenta de verdade. O bom e velho arroz com feijão.

Em uma visita rápida a uma cidade vizinha eu e Pingo de Chuva decidimos almoçar em *O Brasileiro*. Com esse nome não tinha como a comida dar errado.

Era sábado, poucas mesas estavam ocupadas e a música *Mas que nada* soava pelos autofalantes. Logo na entrada, estendidos pelo balcão: pão de queijo, bolinha de queijo e brigadeiro. Tudo combinando com um cheirinho estranhamente familiar, te fazendo sorrir e trazendo memórias que você jurava esquecidas.

É como estar em casa.

Sentamos em uma mesa de madeira no canto. Olhamos para o cardápio, sentindo, na boca, o gosto de cada prato. Apenas aqueles que sofrem conhecem o valor de uma comida boa, familiar, que não se precise cozinhar e muito menos lavar panela.

Pingo de Chuva pediu uma feijoada para homenagear o sábado que era, mas eu decidi relembrar minhas raízes, de fato, e pedi um belíssimo escondidinho. Do tipo que a Vó Portuguesa fazia toda quinta-feira.

Nossos pratos chegaram rápido. Olhei para o escondidinho, curiosa, estranhando sua aparência levemente queimada, mas logo enchi o garfo e coloquei na boca. Estava faminta.

Assim que a comida atingiu o meu palato, minha língua apreciou o sabor, salivei um pouco mais e quinhentas mil memórias passaram pela minha cabeça em um único segundo. A garfada me transportou de volta para o meu lar.

Lembrei de todas as vezes que voltava para casa depois da escola, cheia de fome, e comia o mesmo escondidinho.

Todos os almoços em família, as risadas, as conversas jogadas fora na frente daquele mesmo prato.

Estava mais uma vez sentada na copa amarela com pratos na parede, comendo junto com a minha família, contando como foi o meu dia, entre uma piada e outra. Vi a mesa posta à minha frente, o saco de batata palha no canto de olho, como a luz entrava no vitral e a tão conhecida valsa acústica dos talheres nos pratos brancos.

Uma outra vida.

Lembrei de tudo que eu não tinha mais.

E, simples assim, aquela saudade guardada sabe Deus onde entrou em choque contra meu peito. Enchendo cada milímetro cúbico do meu coração, a maldita saudade me fazia transbordar em ardência.

Das gotas de saudades que caíam para fora do coração, uma lágrima escorreu pela minha bochecha, mas um sorriso se formava nos lábios.

— Amiga — Pingo de Chuva disse, com os olhos sérios —, tá tudo bem? O que foi?

Os garçons trocavam olhares e debatiam se deveriam fazer algo a respeito da situação. A menina cai em prantos ao colocar uma única garfada na boca, algo não está certo.

Fechei os olhos e respirei fundo sem responder. Decidi apreciar um pouco da ardência. Se você não se deixar sentir a saudade, leitor, você nunca vai curá-la.

Uma mão gentil tocou no meu ombro sem dizer nada, o garçom só queria saber se eu estava bem. Abri um sorriso e apontei para o prato na minha frente.

— Tem o mesmo gosto de casa.

Canibal e o menino da faca

Existe na Austrália uma espécie de gangue, *Os Cinzas* (vamos chamar assim, a tradução fica livre e eu não sofro consequências). É um grupo de jovens, a maioria adolescentes, que roubam, destroem festas, brigam com outras gangues e são completamente pirados e muito perigosos. É fácil de reconhecê-los, todos usam um boné liso durante a noite e o líder, um boné branco. É um grupo semissecreto, apenas os adolescentes sabem quem são e o perigo que representam.

Agora, guarde essa informação, pois a usaremos como um elemento surpresa mais tarde.

Leitor, de todas as viagens da minha vida, essa foi, sem sombra de dúvida, a mais maluca.

Durante as férias, minha *host family* decidiu que seria uma ótima ideia passar um fim de semana em um hotel em Hastings Point.

Tive o mesmo pensamento que você, leitor. Não fazia a menor ideia do que diabos era Hastings Point e tive a mesma imagem que você quando ouvi a palavra "hotel".

Se ajuda, Hastings Point fica perto de Tweed.

Exato.

Você também não sabe, né? Leitor, é no meio do nada.

Mas pelo menos eu iria para um hotel, certo?

Errado.

O que minha *Host Mom* esqueceu de me contar, é que não era um hotel, era um *Caravan Park*.

Você sabe o que é isso?

Pois é, eu também não sabia.

Só quando cheguei lá é que descobri que era um lugar onde trailers estacionavam e ficavam, por conta de um microminiparque aquático.

Ou seja, não era um hotel.

Além dessa, tive outra surpresa. A família do meu *Host Dad* iria; logo, seríamos eu, minha *Host Mom*, meu *Host Dad*, Mulher Um, Cara Um (eu genuinamente não faço ideia do nome deles e não é relevante), meus dois irmãos e mais cinco, repito, cinco crianças (filhos do Cara Um e da Mulher Um).

Ou seja, eu e sete crianças.

Os adultos alugaram uma casinha bonitinha, um chalezinho, na verdade, de frente para o microminiparque aquático.

A noite caiu e as sete lindas crianças estavam doidonas de açúcar. Elétricas, corriam de um lado para o outro, fazendo mil e uma acrobacias e eu, a adolescente da vez, tinha que fazer algo a respeito.

Já estava lá de graça, comia de graça e não tinha wi-fi, o que mais eu poderia fazer?

Com meus olhos de águia, tinha percebido que havia vida além do chalé e queria sair de lá, fugir, ter o famoso *break*. Foi assim que tive a brilhante ideia de jogar um jogo que todo e qualquer bom brasileiro conhece.

Canibal.

E é aí, Caro Leitor, que a história começa.

Sentei com as sete crianças e expliquei o jogo. Elas, com os olhos brilhantes, assentiram desesperadamente. Disse que o nome do jogo era *Canibal*.

É claro que crianças entre quatro e dez anos não faziam a menor ideia do que era um canibal, e é claro que os pais arregalaram os olhos e começaram a duvidar das minhas boas intenções quando descobriram o nome do jogo. Mas acredito que você, brasileiro nascido e criado, sabe muito bem que *Canibal* é um jogo onde o grupo de crianças se une para coletar uma certa quantidade de cores. O grande empecilho é que as cores estão escondidas e o canibal à solta. Se o canibal vir as crianças, elas têm que se unir e gritar "xô, canibal", senão o canibal tem o direito de pegar as cores e escondê-las de novo. Certo?

Bom, agora tenta explicar isso em inglês.

Para crianças doidonas de açúcar.

O que eu consegui foi uma versão parecida com isso.

Ah, e não tinha tinta de cores diferentes para esconder, logo, escondi porta-copos do chalé.

Leitor, joguei *Canibal* em todo e qualquer hotel e muito no Clube AP, acreditei fielmente que tinha uma vasta experiência no jogo. Estava enganada. A grande diferença é que, em dezesseis anos de vida, eu nunca tinha sido o canibal, o que era um grave problema.

Muito bem, saí de nossa choupana e escondi os porta-copos pelo hotel, sem as crianças verem. O nosso chalé ficava isolado do resto do "hotel", ficava lá na entrada, sendo o primeiro da rua deserta. Conforme desci a rua com o meu moletom preto e os doze porta-copos na mão, fui percebendo que o hotel era, na verdade, uma rua asfaltada e dos dois lados havia vários e vários trailers (caravanas).

A avenida do Cravo, que era a rua principal, se dividia, depois de um tempo. Uma ilha extensa e comprida se formava. Nesta ilha havia a parte do varal, uma série de bancos e mesas ao ar livre que serviam como uma espécie de cantina, com uma churrasqueira, um salão de jogos, um playground e uma brinquedoteca. Depois da brinquedoteca havia uma grade e um bosque escuro. Apesar de ser bem aventureira, decidi não desbandar por aquelas bandas.

Ainda.

Durante a minha caminhada, procurei lugares para esconder os doze porta-copos sem deixar de notar que, na área da churrasqueira e do salão de jogos, havia um acúmulo descomunal de adolescentes.

Sim, leitor, tive o mesmo pensamento que você. Leio a sua mente como você pode perceber.

Com os doze porta-copos escondidos sabe Deus onde, vesti o meu capuz, coloquei todo o meu cabelo no rosto, e o *Canibal* começou.

No começo eu tentei me esconder e, quando os via, colocava a lanterna do celular no rosto e corria atrás deles, gritando.

Agora, imagine a cena: uma garota toda de preto com uma lanterna no rosto, cabelão na cara, correndo atrás de sete crianças que corriam e gritavam *xô Canibal, xô Canibal*.

Os jovens australianos ficaram no mínimo intrigados.

Quando as crianças estavam procurando, eu decidi ter um merecido descanso na sala de jogos. Um lugar fechado, lotado de gente. Um perfeito esconderijo. Sentei em um banco no lado oposto da porta e, enquanto descansava, um grupo de mais ou menos cinco garotos me olhavam pela porta, com olhos curiosos. Não prestei muita atenção pois estava mais preocupada em não ter um ataque de asma e não perder nenhuma criança.

Saí passando pelos cinco garotos atenta a qualquer movimento das minhas crianças. Estava ligando a lanterna quando um deles me chamou.

— *Hey.*

Eu me virei para olhá-lo, mas honestamente não conseguia ver nada. Estava muito escuro e ele estava contra a única luz fraca; era muito alto, muito alto mesmo, usava um casacão preto, boné e um capuz por cima.

— *Hi* — respondi apenas.

— O que vocês estão jogando? — ele perguntou, apontando para mim. Ele via meu cabelo comprido preso no topo da cabeça se estendendo pelo meu rosto, um capuz por cima e uma lanterna forte me iluminado de baixo para cima.

— Ah, é um jogo.

— Como chama?

— É... *Canibal*.

Diferente de uma pessoa normal, ele abriu um sorriso. Me olhou de cima a baixo e disse:

— Gostei.

Eu apenas assenti e disse que tinha que ir e fui fazer meu papel de assustar as crianças.

Leitor, o Cara do Casaco Largo me seguia para onde eu ia, durante toda a noite. Ele e seu grupo andavam um pouco atrás de mim e diziam que me dariam "cobertura".

Até que ficou tarde, tínhamos que voltar para a choupana. Juntei as minhas sete crianças, todas vivas, e gritei um *good night* para o Cara do Casaco Largo.

Para quê, leitor?

O menino veio correndo até mim. Seus passos extremamente largos fizeram com que ele chegasse na minha frente em poucos segundos.

— Mas já? Você já vai?

— É, pois é.

Leitor, não podia negar que algo de errado não estava certo. Não sei se era como ele me olhava com os olhos escuros ou pelo jeito estranho que ele tinha, mas eu sabia que não era algo bom.

— Mas eu nem sei seu nome — ele disse, dando um passo para a frente.

Disse meu nome quase engolindo o som e ele disse o dele com um sorriso generoso.

— Vou andar com vocês até a sua caravana — ele disse, me seguindo.

Não adiantou explicar que não estava em caravana e sim em uma choupana lá na entrada do hotel. O Cara do Casaco Largo foi atrás de mim até o meu chalé.

No dia seguinte, minha *Host Mom* disse, assim que acordei com o cheiro de panqueca:

— O seu namorado está na porta.

— O quê?

Fui para a janela. Abri devagar a cortina branca e vi o Cara do Casaco Largo encostado na árvore, olhando para a nossa choupana. Leitor, eram 8 da manhã e algo me dizia que ele estava lá fazia um *bom* tempo.

Olhei para a minha *Host Mom* desesperada.

— Eu não o conheço — disse.

— Mas ele conhece você — ela me respondeu, com uma piscadinha.

Esse, leitor, era o problema.

Por mais que eu não quisesse, as sete crianças queriam ir ao microminiparque aquático e os adultos não queriam levá-las. Ou seja, a intercambista teve que sair da choupana contra a vontade e encontrar com o Cara do Casaco Largo que esperava por ela e, naquele dia, usava uma camiseta larga.

Leitor, eu tentei. Juro que tentei, mas o Cara do Casaco Largo não saía de perto de mim. Ele me acompanhou com as sete crianças no parque aquático, na piscina, na sala de jogos e em todos os lugares que aquele *pseudo* hotel poderia oferecer.

As sete crianças não entenderam muito bem o porquê da companhia do Cara, mas logo gostaram dele. Principalmente os meus irmãos. O Cara do Casaco Largo era tão alto que colocava uma criança em seu ombro e dava uma voltinha, mostrando como era o mundo lá de cima.

— Você tem que ver! — o mais novo me dizia em meio a gargalhadas. — É muito alto! Quero ir de novo!

— Quando crescer quero ser igual a ele! — respondia o mais velho.

O Cara do Casaco Largo apenas me olhava com um sorriso no rosto. Não dizia nada.

No final da tarde, as crianças iam tomar banho para jantar. Mas, como eu já estava pronta, não tinha muito o que fazer e o Cara do Casaco Largo me convidou para dar uma volta.

Em uma situação dessa, não tinha como recusar.

Andamos pela avenida do Cravo e ele me disse que, antes do jogo começar naquela noite, ele queria me encontrar na quadra.

— Qual quadra?

— A que fica atrás do bosque.

— De noite?

— De noite.

Sabe aquele momento no filme de terror que você sabe que vai dar errado e apesar dos seus gritos desesperados, dizendo para o protagonista não fazer isso, ele faz mesmo assim?

Pois é.

Eu não ouvi grito nenhum.

Quando a noite havia acabado de cair, eu fui para onde ele tinha pedido. Andei pela avenida do Cravo em passos lentos como se ainda não tivesse decidido se deveria ir ou não. Mas quando abri a cerca e pisei no bosque, não tinha mais volta.

Ele me viu rapidamente.

Com seu casaco preto e largo ele se aproximou de mim com a mão nas costas.

— Tem uma coisa que você precisa saber.

Fiz que sim e me sentei na mesa de piquenique na frente dele. Com um suspiro alto ele tirou a mão das costas, tirou o capuz da cabeça e colocou um boné.

O mesmo boné de ontem.

O boné branco.

Eu já sabia o que significava, o poder que tinha e o medo que causava.

Ele era um líder dos Cinzas.

Foi nesse momento que o meu coração simplesmente parou de bater. Os Cinzas, além de serem perigosos, eram indecifráveis, não tinha como saber o que queriam, para onde iam, como agiriam. Não podia dizer quais eram as intenções do Cara do Casaco Largo, talvez ele fosse uma boa pessoa, mas, de verdade, eu não queria me arriscar para descobrir.

Ele abaixou a cabeça e colocou o boné branco como se fosse uma coroa. Assim, ele cresceu mais ainda e o seu porte que, antes levava crianças em seu ombro, indicava que poderia fazer muito mais do que isso. Ajeitou-se com cuidado e virava a cabeça de um lado para o outro, esperando uma resposta.

Quando você se vê em momentos como esse, o melhor a se fazer é sorrir e se fingir de burra.

— Uau, um boné — disse, esforçando-me ao máximo para manter a casualidade, fazendo-me de idiota.

— O boné — ele respondeu.

Fiz a minha melhor cara de tonta. Balancei a minha cabeça como se não entendesse e dei um sorriso torto.

— Você não sabe? — ele me perguntou, tirando-o da cabeça.

— Sei o quê?

— O que ele significa.

— Que você está protegido do sol?

Forcei um sorriso e ele também.

O Cara do Casaco Largo balançou a cabeça, mas não tinha lá muita coragem para me "contar" o que era. Olhei em volta, observando o bosque que ficava cada vez mais escuro, com o crepúsculo. Em momentos como esse, você começa a se cuidar melhor.

— Minhas crianças já estão me esperando para brincar.

— De *Canibal*?

Pigarreei, amaldiçoando o nome da brincadeira.

— De *Canibal*.

— Quer ir para a minha caravana? Minha mãe deve estar fazendo o jantar...

— Ah não, obrigada, elas já estão me esperando. — Levantei e comecei a andar o mais rápido que podia.

— Te vejo daqui a pouco?

— Uhum.

Abri a porta da cerca com a mão tremendo e saí correndo, desesperada. A avenida do Cravo nunca viu alguém correr tão loucamente em toda a sua existência. Leitor, nunca corri tão rápido em toda a minha vida, poderia jurar que as minhas pernas cairiam para fora do corpo a qualquer momento.

Na choupana, fiz tudo que podia para convencer as crianças a não jogar *Canibal*. Fiz de tudo, tudo mesmo. Mas suas artérias levadas pelo açúcar não deixariam nem o melhor advogado do universo convencê-las.

É, leitor, fui com o coração pulando para fora da boca jogar *Canibal*, amaldiçoando a ideia infeliz que eu tive na noite anterior.

Não demorou muito para o Cara do Casaco Largo me encontrar. Ele esperou uns dois sustos quando tocou no meu braço e disse:

— Sei de um lugar onde eles não vão te encontrar — ele disse, pegando na minha mão.

— Não sei se é uma boa ideia... A gente está brincando e...

— Não vai demorar muito — ele disse, me levando.

Como falar *não*? Como, como falar não?

Ele passou pela cerca e me levou para um terreno de gramado sintético pouco atrás da brinquedoteca.

— Ninguém nunca vem aqui.

— Ah... Que bom... Que legal...

Ele se aproximou de mim e me deu um selinho extremamente tímido e rápido. Assim que deu, se distanciou duas grandes passadas e se sentou na grama sintética. Bateu a mão ao seu lado pedindo para eu me sentar.

Sentei, deixando um considerável espaço entre nós.

— Gostou? — ele fez a pergunta de uma maneira tão genuína, me olhou nos olhos e se aproximou como se fosse um segredo.

— Do quê?

— Do beijo, é claro.

— Ah... Sim...

Vem cá, aquilo era beijo? Ah, até que eu não estava em grandes problemas, vai.

Ele abriu um sorriso e, sem mais nem menos, voou para cima do meu pescoço. Eu desequilibrei e caí no chão sem entender absolutamente nada do que estava acontecendo. Ele começou a morder e a puxar o meu pescoço que eu até comecei a me perguntar se ele não iria estourar uma veia ou sei lá, mas ele só estava tentando dar um chupão.

Ele parou e me olhou dizendo:
— Gostou?
Pergunta perigosa.
— Ah...
— Então vai gostar disso.
E voou para cima de mim com aquela língua asquerosa.

Leitor, vou poupá-lo dos detalhes que até eu desejo fortemente esquecer, mas ele ficou uns cinco minutos babando na minha boca quando eu senti algo duro em seu BOLSO (vamos deixar bem claro).
— Ai. O que é isso?
Ele saiu de cima de mim e colocou mão onde eu apontava. Tirou do bolso de seu moletom uma peça comprida e fina.
— É só uma coisa que a gente carrega por aí...
— O que é? — Às vezes a curiosidade fala mais alto.
Ele rodou a peça por seus dedos como se ponderasse se deveria me mostrar ou não. Balançou a cabeça algumas vezes em negação, mas seus olhos tinham um brilho diferente. Murmurava um "você não quer saber" baixinho, mas eu balançava a cabeça genuinamente curiosa.

— Bom... — E, em um movimento rápido com o polegar, ele abriu.

Uma faca.

Bem afiada.

Uma faca que reluzia com a luz da lua. Uma faca que fez com que eu apertasse a minha barriga em uma tentativa de proteger os meus órgãos.

O cara segurava uma faca.

O cara tinha uma faca.

Ele olhava para a faca como se ela conversasse com ele. Balançava de um lado para o outro, brincando com o reflexo do brilho da lua.

Engoli seco.

Uma faca.

— Bom... — Ele fechou a faca e guardou no mesmo lugar que tirou. — Esqueci que estava aqui... desculpa...

— Tudo bem...

Desde que você não me mate... queria completar.

— Você quer... quer continuar na minha caravana?

— NÃO! Quer dizer... não. Eu tenho que ir.

Ele pediu para ficar e eu fiz de tudo para ir.

Como você pode imaginar, o universo já havia enviado sinais suficientes me avisando para ir embora. As Vozes, por sua vez, estavam quase pulando para fora de minha cabeça e fugindo dele por livre e espontânea vontade.

Levantei rapidamente e comecei a andar. Ele veio logo atrás de mim e rapidamente se colocou do meu lado, pegando a minha mão. Leitor, não sei te dizer que horas eram ou como foi a caminhada de volta para a choupana, mas eu posso afirmar com toda a certeza que o Cara do Casaco Largo nunca tinha segurado uma mão tão suada como a minha.

Eu pingava.

Pingava gotas de estresse, ansiedade, medo e pavor.

Ele me deixou na porta da choupana e disse que me encontraria na manhã seguinte.

Mal sabia ele que amanhã seria domingo e eu iria embora na manhã seguinte.

Entrei na choupana com os olhos contando tudo que minha boca não dizia. Depois de uns cinco minutos calada, percebi que as crianças estavam lá fora procurando os porta-copos, esperando o canibal.

Eu me recusei a sair do chalé. Pedi desculpas a elas em silêncio e, sentada no sofá, desejava com todas as minhas forças que elas não encontrassem com o Cara do Casaco Largo. Esperei elas aparecerem milagrosamente na minha frente.

Elas chegaram bravas que eu não tinha aparecido e que não haviam encontrado nada de porta-copos.

Pedi desculpas e tudo mais. Um dia elas entenderiam.

Na manhã seguinte, o Cara do Casaco Largo estava mais uma vez na minha porta.

Eu sei que é feio assumir isso, mas eu me tranquei no banheiro. Me tranquei com as Vozes, sentamo-nos na tampa da privada e esperamos com o estômago gelado que um milagre acontecesse.

Aconteceu. Colocaram todas as malas no carro, guardaram tudo, incluindo os meus belos pertences, e bateram na minha porta, avisando que já iríamos sair.

Abri a porta do banheiro devagar e desci a escada com um pé na frente do outro lentamente.

O Cara do Casaco Largo ajudava a ajeitar o carro.

Por Deus...

Eu simplesmente o ignorei. Era o melhor que eu podia fazer. Quando passei pela porta, o rosto do Cara do Casaco Largo era o próprio reflexo de um coração partido, e isso, meu leitor, não demora muito para se tornar ódio.

E não queremos brincar com isso.

Expliquei para ele que houve uma mudança de planos, que tínhamos que ir embora e ele não aceitou nada bem. Falou e falou um monte, dizendo que eu poderia ficar na caravana dele, enfim... ofertas que nem mortos aceitaríamos, mas que recusamos educadamente, fingindo que queríamos muito, mas "não podemos, desculpa".

Meus *hosts* riram da cena, meus irmãos ficaram intrigados e eu fiz o que qualquer pessoa normal faria.

Entrei no carro, bati a porta, abaixei o pininho da trava e fiz tchauzinho do vidro.

O carro deu partida e o Cara do Casaco Largo foi ficando para trás e meu coração foi desacelerando aos poucos.

E, assim, eu sobrevivi à viagem mais maluca da minha vida.

Altão da Somália

Já que contei minhas vocações mais vergonhosas, está na hora de relatar a você, leitor, o dia que o cupido decidiu se infiltrar no meio da minha vocação.

Já ouviu falar do Fórum FAAP?

Bom, leitor, o Fórum FAAP é uma espécie de simulado da ONU para estudantes do Ensino Médio, em que você pode estar em um comitê e, como um diplomata de verdade, negociar com as outras pessoas a favor do seu país.

No meu primeiro ano, eu era da Ucrânia e fiquei na AGNU que é a Assembleia Geral da ONU. No meu comitê deveria ter umas 150 pessoas, todas extremamente bem arrumadas, cheirosas, em suas melhores roupas, trancadas em uma sala das 08h às 17h, discutindo assuntos diplomáticos — que no nosso caso era o R2P[7].

---

[7] Doutrina de Responsabilidade de Proteger ou, para os íntimos, R2P. Nada mais é do que uma permissão para a comunidade internacional para agir quando vidas civis estão em risco de genocídio, crimes de guerra, limpeza étnica e crimes contra a humanidade.

Sendo que todos são adolescentes de terno e de salto alto.

De toda São Paulo.

De várias escolas.

Em uma única sala.

Não preciso narrar a tensão sexual daquele lugar, né? Você está sentindo daí.

Conforme as horas vão passando, o perfume no pescoço de cada jovem começa a se dissipar no ar, suas frágeis narinas caem na tentação, seu coração dispara, a cabeça gira, as pernas tremem e de repente a diplomacia é esquecida e as Vozes da sua cabeça só se preocupam em descobrir quem é o dono do cheiro pelo qual você se apaixonou. R2P não é mais tão importante assim.

Mas a parte favorita de qualquer participante é a hora de ler o correio elegante. Durante os dias do Fórum, cada comitê tem uma caixinha fora da sala, na qual você coloca um bilhetinho com uma cantada fajuta para tal pessoa ou para tal país. E, no final de cada sessão, a Mesa (quem modera as discussões) lê todos os bilhetes.

E é aí que a minha história começa.

No segundo dia, um dos representantes da Somália, sentado na minha frente, ficava virando para trás e me olhando. Em dez minutos ele me olhava sete vezes.

Somália estava prestando mais atenção em como eu segurava a caneta do que no que a África do Sul estava discursando.

Óbvio que eu olhava de volta, não sou boba nem nada.

O carinha da Somália era muito alto, do tipo que bate a cabeça no teto. Logo foi apelidado de Altão da Somália, e, sim, ele "vestiu" esse apelido[8].

Altão da Somália ficava me olhando com uma cara de quem não quer nada e eu nem prestava atenção. Fingia, né? Até que a sessão terminou e a leitura do correio elegante começou.

A Mesa leu umas cinco cantadas fajutas que brincavam com o sentido dos países como: *me chama de União Soviética e vem me liderar porque você Stalin-da*.

Então, o Altão da Somália levantou a mão e disse:

— Mesa[9], posso fazer um correio elegante agora?

A Mesa largou o papel que tinha na mão e respondeu:

— Pode… escreve e deixa aqui com a gente.

— Não. Eu quero fazer ao vivo. Agora. Posso?

As 150 pessoas em conjunto pararam de respirar. Todos se voltaram para encará-lo, incrédulos. Em toda a existência de simulados mirins da ONU, nunca houve alguém com coragem suficiente para fazer tal pedido.

Ainda mais com 150 pessoas na sala.

---

[8] Ele inclusive usou como designação no Instagram e responde quando alguém o chama assim; um rapaz gente boa, como você pode ver.

[9] Não é o móvel mesa, Caro Leitor, Mesa é como se chama quem lidera as discussões e modera a sessão. Doido, você, leitor, achando que a gente fala com móveis inanimados...

Declarar-se assim? Cara a cara, olho no olho? As Vozes da cabeça do Altão da Somália entraram em curto-circuito.

O silêncio se instaurou como se houvesse caído uma bomba na sala do lado.

Apesar de quase diplomatas, estávamos todos curiosos para ver o barraco que acabaria aquela sessão.

— P-p-pode... — a Mesa balbuciou.

Altão da Somália levantou e, com a cabeça baixa (para não bater no teto), caminhou até o palanque, calmo. Seus olhos refletiam o mais puro nirvana e seu rosto era a réplica perfeita de um político que sabe que vai ganhar as eleições, com uma gigantesca convicção em si mesmo. Altão da Somália olhou bem no fundo dos olhos de cada uma das 150 pessoas, assistindo à alma de cada uma sair do corpo e se corroer pelos ares em pura ansiedade.

Ele deu duas batidinhas de leve no microfone e abriu um sorriso caloroso.

— Oi... tudo bem?

Demorou alguns segundos até que algumas das 150 pessoas conseguissem conectar seus neurônios para balbuciar em resposta um *tudo* com a entonação de *o que está acontecendo?*

— Que bom... — Ele balança a cabeça. — Bom, vim até aqui para perguntar se alguém sabe como eu posso contratar o Sherlock Holmes.

Ninguém responde. As pessoas se olham, murmurando "Sherlock?", "como assim?", até que um dos delegados do Chile pergunta:

— Por quê?

Altão da Somália responde sem hesitar:

— Queria desvendar o mistério de como ganhar o coração dessa *delegata* loirona da Ucrânia — e apontou para mim.

O comitê INTEIRO, composto de 150 pessoas, virou-se para me encarar.

Mãe Bióloga já me chama de ratazana de biblioteca, por ser branca demais, mas nesse momento meu rosto ficou da cor de um pimentão.

Fiquei tão, mas tão vermelha que me abaixei na cadeira.

Altão da Somália eventualmente voltou ao seu lugar e me passou um bilhetinho, dizendo *"Estamos aqui em busca da paz, mas paz ao contrário é zap, toma aqui o meu"*.

Altão da Somália e eu conversamos na festinha e bom... o resto é história.

O que eu posso dizer, Caro Leitor, é que as vezes o amor cruza com alguma vocação e você acaba perdendo o seu coração onde deveria estar a razão.

Assim como, às vezes, o acaso cruza com o destino, numa esquina da Faria Lima, onde poucos apreciam a cena. Eu sorrio com a ideia e você, leitor, assente com a possibilidade; mas, bem ali no meio do caos das reuniões atrasadas e almoços de negócios, o destino decide parar para conversar com o acaso.

Meu coração e o Moço do Violão

Foi no calçadão da praia que eu perdi meu coração na caixa do violão do moço.

Andava, com minha saída de praia puída e pés sujos de areia, no bairro mais turístico da cidade. Observava o mar translúcido se quebrar na minha frente e apertava os olhos, em uma tentativa de descobrir qual azul era o do céu e qual era o do mar. Turistas se aglomeravam na frente do McDonald's ouvindo uma voz e violão se misturar com o barulho das gaivotas e o som das ondas se quebrarem na praia.

Um rapaz, um pouco mais velho do que eu estava de pé, na porta do McDonald's, com a caixa do instrumento no chão, microfone na boca, violão junto ao peito e o sorriso mais lindo do mundo no rosto. Seus dedos corriam rápido sobre as cordas e seu corpo balançava conforme a melodia. Ele olhava para cada um dos turistas que paravam para ouvi-lo e sorria, agradecendo a presença.

Quando seus olhos pousaram nos meus, senti algo diferente. Ele me olhou por mais tempo do que os outros turistas e abriu um sorriso levemente maior.

Como se já tivesse me esperando.

Não deu outra, meu coração oferecido despencou do meu peito, direto na caixa do violão do moço, sem pedir licença para as moedas.

Sentei no banco, com o queixo caído, apreciando o moço tocar Beatles com os olhos cravados nos meus.

Tentei ficar para duas músicas, juro que tentei, mas meu coração eufórico não deixava. Inclinava a cabeça de um lado para o outro, imaginando um futuro com o Moço do Violão.

No primeiro acorde da segunda música já o via acordando em um domingo de manhã, ao meu lado, consegui vê-lo nitidamente pegando seu violão e cantando para mim com uma voz de sono.

Leitor, ele era o amor da minha vida.

As Vozes e eu começamos a planejar o casamento, eu pensava no vestido que usaria, ouvíamos os sinos da igreja e as Vozes discutiam com que canção eu entraria.

E eu tinha que fazer algo a respeito. Tinha que agir. Não podia deixar o amor da minha vida tocar na rua para desconhecidos sem nem saber de mim.

Levantei e fui direto para o McDonald's, passando por ele, sentindo o cheiro do perfume misturado com o suor do sol do meio-dia.

Entrei decidida.

Com a coragem que estava em mim, pedi no balcão um papel e uma caneta. Na folha, escrevi meu nome, telefone e minha conta no Instagram. Junto com alguns corações, é claro.

Atrelada à esperança de um final feliz, dobrei a folha com todo o cuidado. Saí e me dirigi ao amor da minha vida, sem pensar duas vezes.

Leitor, não estou brincando quando digo que consegui ver nitidamente o Cupido, em pessoa, segurar na minha mão quando joguei o papel e algumas moedas na caixa do violão.

A sorte estava lançada e minhas bochechas, coradas. Algo me dizia que ele responderia. Não sei se era pelo sorriso ou pelos olhos brilhantes, mas estava certa de que, dessa vez, pelo menos dessa vez, o amor sorriria para mim.

Ele não respondeu.

Mas eu não desisto fácil. Desse dia em diante, todo sábado de manhã eu pegava um ônibus, um trem e corria dez quilômetros para encontrar o Moço do Violão. E toda vez ele estava lá, sorrindo puramente e com os olhos reluzindo *All you need is love* dos Beatles. Toda vez eu ouvia duas músicas e ia ao McDonald's pedindo um papel e uma caneta, agarrando-me à esperança de que, daquela vez, daria certo.

Nunca falhei.

Ele nunca me respondeu.

Isso durante *meses*.

Voltei para São Paulo desolada, desacreditando totalmente no amor e acreditando fielmente que o meu papel caía diretamente em um buraco negro.

Era o único motivo pelo qual ele não me responderia.

Semana passada senti uma saudade dele. E, em uma leve olhada no Instagram, descobri que ele é casado e espera um filho.

Descobri, também, que o meu coração é oferecido demais.

TUDO QUE AS VOZES JÁ DESEJARAM FORTEMENTE DIZER,

MAS NUNCA
DISSERAM.

ATÉ AGORA

Desejo um dia

Não sei dizer se acredito em vidas passadas, mas, se eu ousar acreditar, desejo fortemente ter sido um grande escritor alguma vez.

Pelo menos uma vez.

Desejo um dia ter tido o dom da escrita, dado aos beijos pelas estrelas. Desejo que as palavras uma vez tenham fluído na ponta dos meus dedos, criando histórias onde eu tocasse, inspirando quem lesse meus passos.

Desejo um dia ter sido digno de um amor igualmente alucinante e trágico. Digno de dezenas de livros e marcado pela glória de uma era dourada.

Desejo um dia ter sido um grande escritor que nasceu na era certa e criava entre as letras e acentos um lar, para o seu peito morar, e fazia, das frases bem estruturadas, um abrigo, que sentia o peso do mundo no coração e fazia poesia com os quilos.

Desejo um dia ter sido um grandioso escritor que foi eternizado em livrarias pelo amor que sentia e escorria diretamente da artéria ao papel em forma de palavras, fazendo com que outro espírito perdido se sentisse menos sozinho.

Desejo um dia ter sido um grande escritor para ter os cosmos do céu como aliados, levando, cravados, nas costelas, os exatos versos que a lua me disse quando me deitei ao seu lado.

Desejo um dia ter sido um grande escritor para tocar com tinta o seu coração, para te acomodar entre os meus parágrafos, para sussurrar meu amor pelo mundo em seu ouvido, para tocar onde te faz chorar e tirar o que dói.

Desejo um dia ter sido um grande escritor para ter um lugar especial dentro do seu quarto, em um nicho exclusivo da sua estante de madeira.

Vamos fazer alguns "não deveríamos estar fazendo isso"

Só para dar uma variada na rotina, uma mudada no astral, colecionar aventuras.

Vamos sair pela janela, pular o muro, invadir uma festa, entrar de penetra em um casamento, espalhar nosso amor pelas ruas.

Um pouco de loucura não mata ninguém; a gente jura que não foi por mal e soltamos algumas risadas na delegacia, dividindo cela com um batedor de carteira.

Vamos acampar no Ibirapuera, escalar as colunas do MASP, subir no Monumento do Empurra.

Poderíamos aproveitar a vista do obelisco, dançar na Augusta, sair da arquibancada e cair direto na avenida do Samba "o que podemos fazer? O batuque é contagiante".

Poderíamos ver onde a Dutra acaba, subir na torre mais alta da Nossa Senhora do Brasil, andar descalços na Oscar Freire ou usar gala na Paulista.

Vai me dizer que você não gostaria de ver a vista do Pico do Jaraguá ou explorar a Ilha das Cobras, de chinelo?

Poderíamos estender a bandeira na rampa do Museu da Independência, descobrir onde está a espada de Dom Pedro, tocar o sino da Catedral da Sé, vender espaço na 25 de março e comprar um fusca no meio da linha quatro amarela.

Poderíamos sair do carro no *Zoo Safari*, fazer Bungee Jumping em uma das cordas da Ponte Estaiada, andar de caiaque no rio Tietê.

Perguntar *"Quem é Esse Tal de Roque Enrol"* na Galeria do Rock, marcar o número 1 no Marco Zero, rastejar no Minhocão.

Poderíamos dar um pouco de amor para essa cidade cinza.

Isso com certeza é ilegal.

Sem dúvida vai dar três anos de cadeia, no mínimo.

A vida é curta demais para aceitar um *não* assim tão fácil.

Além disso, todo mundo sabe que o gostinho da palavra "proibido" carrega toda a graça quando divide saliva com "vou fazer mesmo assim".

Bora ver no que dá?

Eu sei que a primeira impressão que você tem de mim não é a melhor. Sei também que por mensagem eu pareço meio sem graça, mas, se você me der uma chance, em um encontro casual posso compensar cada falha mal-acabada.

Juro que me esforço para causar uma boa impressão. Prometo trazer umas boas aventuras para a noite e garanto implantar uma borboleta ou duas na sua barriga tanquinho.

Uma mesa de madeira separando a gente já é o suficiente. O convite é simples: só vamos nos olhar nos olhos e falar sem o menor filtro. Podemos comer um *hamburgão* casual, deixando a maionese pingar na roupa, e brigar pelas batatas fritas.

Podemos tomar alguns drinks, ficar com as bochechas vermelhas e deixar as histórias caírem para fora da boca. Fazemos do álcool nosso aliado e permitimos que ele nos leve como refém.

Ou se você estiver a fim, mesmo, podemos ir ao cinema. Sentamos naquelas cadeiras no fundo sem ninguém do nosso lado e assistimos o filme por inteiro, os trinta minutos de propaganda e os vinte, dos créditos.

Se você não quiser nada disso, posso te acompanhar em uma volta no quarteirão, com o seu cachorro. A gente anda em silêncio, você puxa um assunto dizendo que gostou do meu perfume, eu agradeço os feromônios em segredo. Minha falta de coordenação motora age a meu favor, eu tropeço na calçada, você me segura para eu não cair.

Eu fico suspensa em seus braços, nossos corpos se tocam, entrelaçando sonhos, espalhando calor. Um arrepio repentino sobe a sua espinha, seu estômago começa a borbulhar, o mundo parece parar. Você vai se aproximando aos poucos, crava os olhos nos meus, se perde em uma questão de segundos. Sua boca formiga, sua língua coça, seus braços me puxam para mais perto do seu peito e...

A gente volta a andar em silêncio.

Ou não.

Se a sua mente já pensou no resto, por que desperdiçar nosso tempo?

O convite é para uma chance.

Então? Bora ver no que dá?

Um *ok* pelo WhatsApp já basta como resposta.

Te vejo sexta à noite?

Shh, não fale nada

Se embrulhe mais nos cobertores.
Isso, assim.
Agora, feche os olhos.
Está ouvindo?
Consegue ouvir os pingos de chuva que caem do céu, com força, baterem na telha?
Consegue ouvi-los escorrendo com pressa, desaguando em uma linha fina no cimento do jardim?
Consegue ouvir os carros passando pela rua?
Consegue ouvir as rodas que giram rapidamente passarem sem dó nas poças de água, fazendo um perfeito *splash* que soa mais como tinta jogada na tela branca?
Aposto que, se a gente abrisse uma fresta da janela, conseguiríamos sentir o cheiro da chuva como um perfume de uma boutique cara e nos sentiríamos em um começo de filme do Woody Allen, cujas cenas focam os pingos transparentes, escorrendo pelas folhas.

Não dá para ver, mas os passarinhos estão escondidos em seus ninhos. Estão abraçando uns aos outros, protegendo-se das rajadas de vento, esperando que a briga que se estende no céu não os faça de refém, nem leve seu ninho construído com carinho.

O céu parece não se importar, não é mesmo? Continua a chorar.

As trovoadas parecem nos alertar que ficar aqui talvez seja a melhor opção.

Já os raios nos avisam que essa briga é de gigantes.

Em algum lugar, uma rua está alagada, um ratinho toma banho, uma árvore ameaça cair a qualquer momento, um cachorro rebelde brinca na sinfonia que muitos temem.

Mas a gente, meu amor, continua aqui, protegidos entre cobertores; ficamos na cama seca, ouvindo, pela janela, o mundo se acabar; com aquela preguiça de levantar.

A gente pode se lamentar pelo dia ter acordado feio, "não vai dar para sair", ou podemos fingir que a cama quer o nosso calor por perto.

Podemos continuar deitados, filosofando com a inocente curiosidade, "quem ganha hoje? O céu furioso ou a grama que agradece cada gota de água, sabendo que agora vai poder crescer?".

Enquanto fazemos nossas apostas, podemos guerrear a favor do amor, bem aqui nesses lençóis, ouvindo os pingos de chuva baterem no telhado, tentando entrar, só para poderem amar na mesma intensidade que nós.

Anuncio meu amor a leilão

Anuncio, com todas as palavras, segurando um cartaz grande, entregando panfletos no farol e de megafone na rua que: o meu amor está aberto a leilão.

Por desejo de encontrar algo verdadeiro e não correr o risco de perder alguns pretendentes, não vou colocar minha foto. Deixo disponíveis apenas o preço inicial com algumas palavras bem escolhidas.

O que tenho a oferecer? Piadas ruins, mas espirituosas. Devaneios loucos, mas intrigantes o suficiente para te deixar com uma pulga atrás da orelha. Histórias semifictícias feitas de linhas reais e boas indicações de leitura.

Ofereço uma companhia divertida que topa qualquer passeio com a capota do carro abaixada, engolindo algumas moscas no caminho. Um corpo que suporta comidas baratas e drinks caros.

Flex, eu diria.

O que mais você procura? Lealdade? Nunca assistiria o final daquela série sem a sua companhia, esperaria você cantar todas as músicas do ABBA no chuveiro antes de sair, esgotaria todas as palavras do mundo para escrever sobre você e mais importante: nunca, NUNCA, guardaria feijão no pote de sorvete.

Quer mais lealdade do que isso? Impossível.

Deseja algumas surpresas para dar uma variada? Faço um bolo com uma cara maravilhosa, mas duro feito pedra, e uma pipoca com cara de murcha, mas melhor do que a de cinema; confesso que uso a sua escova de dente na minha boca de vez em quando e que aquela blusa branca que você tanto gostava virou minha tentativa falha de *tie-dye*.

Ops.

Quer mais amor? Isso, baby, tenho de sobra. E vivo de ditados: "se faltar, a gente faz mais".

Quer mais informações? Me lê que vicia.

Vai que você acaba deixando o leilão de lado e vive só das minhas palavras.

O preço inicial? Baby, o preço inicial é para poucos. O primeiro lance inicia a quem estiver disposto a oferecer um amor genuinamente verdadeiro e nada redundante.

Oh, Doce Aventura, por favor nunca vá embora

Oh, Doce Aventura, por favor nunca vá embora. Não faça de mim mais uma alma abandonada, presa às armadilhas do tempo, vítima do acaso. Mais um corpo com as garras feitas na manicure, sem desejo algum, força nenhuma, promessa alguma.

Oh, Doce Aventura, me prometa que sempre plantará sementes em mim e regará minha mente de ideais malucos demais para quem não sente a sua presença em forma de arrepios.

Te peço que faça de mim sua morada. Prometo que o aluguel é de graça se você ficar para sempre. Jogue farinha na cozinha, coloque o tênis no sofá, tire todas as roupas do guarda-roupas, deixe a toalha na cama, esqueça de trancar a porta; faça de mim sua maior bagunça.

Peço que viva sem ponto final ou vírgula, fique livre pelas linhas, sem nada para te parar. Escreva no seu diário as mais excitantes loucuras, os grandes delírios, tudo de mais apaixonante que você tem reservado para mim.

Quero que escreva linhas infinitas cheias de histórias mirabolantes, frios na barriga e palavras para aquecer o coração.

Desejo que a cada linha você roube o ar de quem lê e coloque, no lugar, mais uma semente fértil, prestes a brotar como erva daninha.

Doce Aventura, por favor, deixe selvagem, para sempre, meu amor. Um amor indomesticável, mas cultivável. Um amor poderoso que dê flores no inverno, folhas verdes na chuva e galhos fortes, prontos para serem escalados, só para se aproveitar a vista.

Um amor do jeito que tem que ser.

Oh, Doce Aventura, jure por todos os corações acelerados, pelo estômago gelado e pelos arrepiados que você, para sempre, vai ficar.

Quero ser artista

Era mais uma sexta-feira que eu me entregava totalmente ao teatro. Sabe aquela fase entre a juventude e a vida adulta, que a gente não sabe direito o que quer fazer pelo resto de nossas vidas, mas desejamos fortemente que seja algo legal, então respondemos algo do gênero *astronauta*, acreditando piamente que o caminho até a NASA é fácil? Pois bem, eu estava nessa fase.

Mas eu gostava mesmo, muito mesmo. Tinha certeza absoluta de que o meu futuro era no palco, eu queria que meu futuro fosse fazendo o que eu mais amava: arte.

— Quero ser artista — confessei ao meu professor, como se fosse um segredo, uma verdade nua demais para ser confessada como se nada importasse.

Ele respirou fundo e encarou o fundo dos meus olhos. Até que sorriu, abrindo espaço entre os lábios para dizer o que eu nunca esqueceria.

— Você quer fazer arte ou ter fama?

— Fazer arte — respondi sem hesitar.

Seus olhos sorriram com orgulho.

— Se você quer ser artista, você não pode ter medo de se entregar, você tem que doar seu corpo e alma. Faça o seu melhor com a sua paixão e, do seu amor doado, tudo que você toca acaba virando arte. O verdadeiro artista não faz arte pensando no bolso, muito menos nos outros, o verdadeiro artista faz arte porque é a sua essência, seu mundo. Mas se você quer ter fama... o caminho é totalmente diferente.

Abri um sorriso sincero em resposta.

— Pode ser que você não sobreviva da arte, mas sem arte você não vive. E essa é a alma do artista.

Ele olhou para os lados e cravou os olhos nos meus, novamente.

— O grande segredo é apreciar toda forma de arte. Olhar por mais tempo o grafite na rua, prestar atenção naquela música que ninguém mais conhece, saber que todas as formas que o artista encontrar para viver são válidas. E, acredite, se você fizer com amor, o amor chegará até você.

Bora andar de bote inflável no Tietê?

Bora andar de bote inflável no Tietê?
Super selvagem, uma pegada radical com um pique perigoso e uma leve pitada de absurdo.

Eu sei que parece loucura, mas, me ouve: a gente infla o bote na noite anterior, gastando todo o ar dos nossos pulmões asmáticos. Cobrimos nossas extremidades com sacos plásticos e amarramos com fita adesiva para não escapar; afinal, todo cuidado é pouco. Pegamos dois remos, colocamos colete salva-vidas e nos jogamos na água.

Eu me encarrego de levar um apito e você, um sinalizador, e descemos rio abaixo com a trilha sonora das nossas sinceras risadas, em harmonioso contraste com a sinfonia do trânsito da Marginal.

Nunca teve a casual curiosidade de saber onde o rio acaba? Além de tudo, não seria engraçado demais dar tchauzinho, do bote, para os motoristas presos no engarrafamento, enquanto descemos a correnteza ultrapassando o limite dos 60 quilômetros por hora?

Podemos até, no futuro, patentear a ideia e fazer uma espécie de Uber designado apenas para aventureiros como nós.

Se o grande problema é o cheiro, a gente resolve. Posso levar alguns pregadores para você colocar no nariz, uma máscara de gás ou só "vamos na fé", tenho certeza de que depois de um tempo você acaba se acostumando e não sente mais nada.

A verdade, meu amor, é que realmente tem que ter coragem para fazer um programa desses, mas não é assim, com tudo na vida? Uma dose de coragem no café da manhã e estamos prontos para encarar todo o dia?

Meu convite continua estendido. Quem sabe você veja São Paulo de um novo ponto de vista e acabe se apaixonando tão perdidamente que se esqueça de como voltar para casa, quando chegar ao final do rio Tietê.

Talvez faça você perceber que apesar da cidade ser cinza, a vida e o amor trazem cor. Como a água e as árvores verdes contrastam perfeitamente com o azul anil e amarelo canário do bote, iluminados pelo branco fosco das nuvens no céu.

E, mais importante, talvez assim você entenda que, em toda a burocracia da cidade de negócios, há ainda um espaço ou outro para dar uma "pirada na batatinha", "soltar a franga" e se deixar levar pela loucura impulsiva.

    Enquanto você se dá conta de tudo, eu, te encarando contra a luz do sol, posso compreender perfeitamente a famosa frase daquele que ousou dizer que: "tem sim amor em São Paulo".

Meu problema é que eu tenho fantásticas péssimas ideias

Meu problema, o que me afunda mesmo nesse mundo, é que eu tenho fantásticas péssimas ideias.

Além de serem mil vezes mais divertidas de serem arquitetadas, elas dão início a uma faísca dentro do umbigo. Alguns dizem que essa pequena chama acaba causando um frio no estômago, entre outros arrepios, mas eu gosto de dizer que são o combustível para a aventura.

Em um breve segundo, o demônio em seu ombro sussurra e o anjo no outro se deixa cair na tentação.

Na boa, velha e doce tentação que nos leva à loucura, que nos leva a dizer "beijos, te amo" antes de desligar uma ligação de engano; sorrir para o garçom; mandar aquela mensagem declarando o seu amor; ou pedalar a Marginal inteira, com o cheiro do rio como cúmplice, só porque não queria estar sozinho.

Fantásticas péssimas ideias.

A ideia de dançar na frente do maluco com o violão na Paulista, de dar um beijo repentino, de assinar o cartão da C&A, ligar para o telemarketing para bater papo, visitar um amigo antigo, deixar o carro em casa e ir de patinete para o trabalho, com roupas sociais.

Ideais fantásticas, porém, péssimas.

Deitar no meio-fio só para ver os arranha-céus tocarem as nuvens, dar uma festa de segunda-feira, escalar uma árvore na avenida, andar de carrinho de rolimã no Jardins, terminar um namoro no Museu da Independência, dizendo: "Independência ou morte, não é?".

Até ir ao cinema sozinho, dançar na frente do espelho, dirigir sem rumo, fugir da dieta, apreciar a própria companhia, fazer malabarismo no farol, observar a chuva cair, parado, embaixo dela, correr para o aeroporto só para ver o avião decolando e, por impulso, comprar uma passagem sem destino.

Todas fantásticas péssimas ideias.

Definição de "meu coração diz sim, mas minha mãe diz não".

Acredite, depois que você faz uma, o demônio no seu ombro ri, o anjinho bate palma, um arrepio desce a alma, seu coração acelera e você só se pergunta o porquê de as piores ideias serem as melhores.

A questão, meu bem, é se preciso de mais um texto para te convencer que as piores ideias são as melhores.

Minha mãe chora quando ouve a palavra saudade

Minha mãe chora quando ouve a palavra saudade. O coração dela não consegue, não aguenta sentir o peso sonoro da palavra que sabe que ainda vai carregar como amuleto.

Ela sabe que, por mais que exista ligação de vídeo e mensagem instantânea, o toque do presente em carne e osso ainda faz muita falta.

Ela sabe que o conforto da ligação não é o mesmo de saber que eu estou no quarto ao lado, que estou lá embaixo vendo TV, ou encolhida na frente do computador, escrevendo mais um texto para ela ler antes de todo mundo.

Ela sabe que eu estou em algum canto desse planeta, cantando no chuveiro, dançando na frente do espelho, fazendo pipoca, lendo um livro e explorando cada pedra de asfalto por onde passo.

Minha mãe passa noites sem dormir, pensando que o monstro da saudade ainda vai assombrá-la durante alguns anos. Vira de um lado para o outro na cama, brincando com os cobertores, pensando, para de manhã murmurar com a voz abafada na ligação:

— E se acontecer alguma coisa, Sô? O que a gente faz?

Toda madrugada ela agradece a existência do rastreador no meu celular, toda vez que vê meu nome no mapinha, em segurança, dá três beijos na tela do celular como se fosse o pombo-correio do São Longuinho.

Minha mãe não suporta despedidas, mesmo sabendo que vai ter data de validade. Parte dela teme que, de fato, eu tenha nascido para o mundo. E ela tem que aceitar isso.

Parte dela sabe que o esforço vale a pena, ela esconde as saudades debaixo do sorriso e só as mostra de novo quando sabe que a ligação acabou.

Parte dela só respira mesmo quando ouve a minha voz e ela sorri respondendo:

— Mostra, Sô, mostra onde você tá!

Mas ela, por inteiro, chora neste exato momento, lendo este texto.

Entre lágrimas ela vai me ligar e dizer:

— Por que você brinca tanto com meu coração, hein?

— Porque eu te amo, mãe — vou responder sorrindo.

Ela vai amaldiçoar essas palavras com todas as suas forças, mas, em segredo, vai mostrá-las para qualquer um que cruze seu caminho na rua. Com o celular ensebado de orgulho vai dizer:

— Olha o que a Sô escreveu.

Isso se ela terminar de ler.

Você ainda está aí, mãe? Ou se afogou com as lágrimas?

E, com todas essas palavras, ela vai saber que minhas saudades são até maiores do que as dela, e que meu amor, mãe, vai muito além deste texto.

Saudades.

Te amo.

Me liga.

Pague após o resultado

Lembra de quando você era criança e adormecia em uma festa de família? Mesmo aos sons das músicas altas, das gargalhadas sinceras e da felicidade simples você conseguia adormecer de alguma forma.

E lembra de quando foi gentilmente carregado para a cama, sem escovar os dentes, ainda de roupa formal, mas sem os sapatos, abrindo espaço entre os lençóis? Ainda assim você conseguia ouvir o som das conhecidas risadas no outro cômodo. Mesmo que à distância.

Espero que a minha morte seja assim. Gentil. Uma velha conhecida que me trate com o carinho de quem já me viu crescer diante de seus olhos muitas vezes antes.

Espero que a minha morte seja adorada, que tenha uma faísca perniciosa e um toque de divino. Que venha quando meu corpo estiver cansado de uma boa vida e a festa não esteja mais divertida para mim, da mesma forma que não estava mais para a criança que adormeceu.

Espero que ela me trate com o mesmo respeito que eu tenho por ela. O respeito de quem entra no mar e sabe que as ondas gentis ficam logo onde a água encontra a areia. O mar se quebra mais alguns passos para frente e é lá onde fica o verdadeiro perigo; mas, quando se passa o revolto, temos aquela grande calmaria que limpa a alma. Mas não significa que, por sobreviver até lá, virou sereia.

Espero que quando eu morrer eu ainda ouça as risadas ecoarem na sala. As risadas que continuam na mesma intensidade de quando eu saí, que não cessaram pela minha partida e nem aumentaram com a minha ida, mantiveram a intensidade rítmica que sempre tiveram, desde a época de quando a minha se juntava a delas.

Sempre esperei que quando eu morrer, eu já tenha vivido bastante. Tenha feito de tudo, visto de tudo, vivido de tudo. Batendo no peito, com orgulho, diria com um sorriso nos lábios e meus olhos refletindo memórias: "eu vivi". Teria sentido os quatro ventos sussurrarem meu nome como segredo, teria amado com ternura cada um dos oceanos, teria feito com prazer a minha missão da Terra, teria dado muitas risadas, teria sido feliz, acima de tudo. Genuinamente feliz. Casual, sincera felicidade de viver uma doce boa vida.

Hoje eu não posso morrer. Não ainda. Não agora. Já fiz muita coisa, mas falta-me resolver, ainda assim, uma única pendência. Minha última dívida a ser quitada. Depois disso, posso esperar minha vez em uma cadeira de balanço, com um cachimbo e talvez um bom livro.

Mas, antes de tudo, preciso ainda pagar após o resultado.

Caro futuro,

Caro futuro, diga a Eu do Futuro que eu mandei um beijo.

Diga a ela que perguntei como ela está, onde ela está, com quem ela está.

Diga que aguardo lembranças e diga também que sempre quis falar com ela, mas parece que a gente nunca tem tempo e o relógio não anda muito ao favor do encontro de nós duas.

Pergunte a Eu do Futuro se ela ainda lembra de mim. Pergunte se ela lembra de quem um dia eu fui, e preste atenção se seus olhos brilham quando ela fala de quem eu um dia serei.

Não sei exatamente quantos anos ela tem, mas pergunte se ela continua sendo criança. Pergunte se ainda se lembra de como dança ciranda, como se pula amarelinha e se a brincadeira de *Canibal* aciona alguma memória desbotada.

Pergunte a Eu do Futuro se ela teve sucesso. Se ela conseguiu o que ela queria, mesmo que agora a gente não saiba direito o que queremos.

Pergunte se ela realizou o nosso sonho, qualquer um deles, pelo menos um deles.

Faça a ela todas as perguntas para as quais eu desejo respostas. Pergunte todos os meus anseios, minhas dúvidas, minhas questões e encruzilhadas. Pergunte tudo que eu quero saber e peça também dicas do que eu ainda não sei.

Ah...

Ela não vai responder, não é mesmo? Vai apenas sorrir e balançar a cabeça sem nada dizer. Tudo bem, diga então que aguardo um e-mail.

Diga que ela continua escrevendo como sempre. Veja se ela tem uma biblioteca grande na casa dela, com estantes cheias de livros. Diga-me que ela não vive sem as palavras, na mesma intensidade que as palavras precisam dela. Certifique que seus dedos contêm letras nas digitais e que seu choro é na verdade tinta no papel.

Pergunte a Eu do Futuro se ela ama. Se ela se ama, nos ama, ama outro, ama o mundo, ama a todos. Só pergunte se ela ama, e repare atentamente na reação dela. Conte-me como foi que o sorriso se formou em seu rosto, como seus olhos brilharam, como seu coração bateu mais forte.

Na verdade, Caro futuro, só me certifique que a Eu do Futuro é feliz. Genuinamente, incandescentemente, absurdamente, vulgarmente, maravilhosamente, simplesmente feliz.

Do tipo de felicidade que completa, aquece o peito, faz com que a gente se sinta vivo.

Por fim, diga que eu penso muito nela. E espero que ela nunca se esqueça de mim. De quem eu sou, de quem eu fui, de quem eu serei.

Fale para ela entrar em contato da mesma forma que eu entrei em contato com as *Eus* do Meu Passado. Como disse para a Criança do Bote que a gente também chegou lá, tantas vezes, depois que sabíamos o caminho de cor; como disse à Garota *VidaLoka* que essa seria uma das nossas melhores histórias; à Estudante da Cultura Inglesa que a gente, no fundo, agradece a cada aventura; à Hostess do Outback que esse para sempre foi o nosso melhor emprego; à Traficante do Kumon que nunca aprendemos matemática mas pelo menos sabemos a tabuada; e a Eu que Escreveu esse Livro que as Vozes têm orgulho de dizer que para sempre teremos a coragem de fazer o que gostamos.

Com todo o meu amor,
como sempre,
S. Ganeff

PS. Diga a Eu do Futuro que eu mandei a ela um *obrigada*. Não sei ainda o porquê, mas, um dia, no futuro, vou descobrir.

Agradecimentos

O livro não é apenas do escritor. Nós, almas contadoras de histórias, sentamos e escrevemos, mas quem faz o livro chegar nas dóceis mãos de um sagaz leitor são pessoas gentis que têm a digna tarefa de tornarem sonhos realidade. Nada mais justo que agradecimentos cordiais a todos aqueles que se envolveram nesse processo.

Como a você, meu mais amado leitor. Obrigada por chegar aqui. Àquele que adorou o que leu e quer mais ou àquele que está lendo os agradecimentos antes do próprio livro: de qualquer maneira, muito obrigada por tudo. Espero que tenham gostado. Espero que me avalie com cinco estrelas e uma resenha de título "Imperdível! Livro leve, saboroso e maravilhoso". Não se sinta só depois de ter finalizado mais esta formidável leitura, você sempre pode ler meu primogênito *Tô Zoando* ou esperar o seu próximo livro favorito. Já, já ele chega até você.

Mãe Bióloga, que é a verdadeira personagem de livros, na vida real, meu eterno alívio cômico no filme da vida, minha maior companheira de aventuras, meu porto seguro humanesco, minha fã número 1: te amo muito, mãe. É de você que minhas letras recebem um pouco mais de leveza, um toque romântico e uma pegada radical. Obrigada.

Menino Máximo. Um Máximo. O típico cara que se encontra na rua, leva para casa e deixa ficar a vida inteira. Obrigada por tudo. Agradeço por ouvir as histórias que conto, por empresariar minhas páginas e por ter orgulho de mim. Você sabe que eu te amo, não sabe? E, se ainda não te disseram, você é o máximo.

Vó Portuguesa e Tia Annie são duas velhinhas que merecem suas menções honrosas. Vó Portuguesa, por sempre me dar livros de Natal e aniversário, achar que passo tempo demais em companhia da tinta no papel, em vez de passar com "pessoas reais", sempre me encher de comida e me fazer feliz com o seu jeitinho peculiar. Tia Annie, a você eu agradeço a sua adoração. Saiba que é mútua. Sua doçura, sua felicidade contagiante e elegância sempre me encantaram. A vocês duas, meu mais grato "obrigada", meu mais sincero "eu te amo".

Sandra Raposo Tenório, depois de tudo o que você fez por mim, nada mais justo do que colocá--la onde merece. Obrigada, Sandrinha. Obrigada por acreditar em mim desde os meus quinze anos. Obrigada por saber que eu sou uma escritora, antes mesmo de mim, e muito obrigada por me literatizar da melhor maneira possível. Obrigada por me tornar quem eu sou hoje, sem você eu não estaria aqui. Obrigada por tudo que você fez por mim.

Aos meus amigos, por outro lado, agradeço por nossas risadas tão agradáveis que chegaram aos parágrafos ainda não escritos. Obrigada por me ajudarem a viver histórias que não posso publicar (ainda). Obrigada por não me julgarem quando eu escrevo no comboio, não lerem o que eu rabisco no meio da aula, por limparem minhas lágrimas quando choro pela faculdade, por me proporcionarem a mais pura felicidade, por serem a minha família do coração. E por me aturarem. *Facto*, esse, demasiado importante. São todos *bué fixes*.

Diego Jock, meu autointitulado fã número 1.5, obrigada por acreditar em mim. Obrigada por ajudar a fazer com que esse sonho se torne realidade. Obrigada por estar aqui. Você acreditou em mim, acreditou na minha escrita e eu não vou te decepcionar. Vamos brilhar muito, juntos, ainda. Vou te deixar orgulhoso.

Editora Labrador, obrigada mais uma vez por me acolher. Obrigada pelo trabalho lindo que fizemos juntos. Pamela, Carla, Leticia, Amanda, Daniel, Rô, Diego e toda a equipe. Obrigada por tudo, mas, principalmente, por me acolherem novamente.

Faculdade de Direito da Universidade de Coimbra (FDUC), sem as crises de surto, oferecidas pelo tenebroso período de exames de Vossa Excelência, metade deste livro não existiria, já que uma parte considerável do que está aqui escrito não passou de um rabisco garranchado em tempos em que eu não aguentava mais estudar. Por outro lado, todos os meus outros livros seriam escritos deveras mais rápido se Vossa Excelência tivesse sido mais gentil. Por isso, não lhe agradeço *ainda*. Apenas quando eu pegar o meu diploma. E aos Senhores Doutores, digo apenas que, quem me passar nas cadeiras com 13 (ou mais) ganha uma cópia autografada.

Agradeço à Cultura Inglesa, ao Kumon, à Associação Brasileira de Asmáticos (ABRA-SP), ao fatídico hotel em Ibiúna, ao Spot, ao Fórum Faap, ao Governo da Austrália como um todo e ao Outback Steakhouse do Pacific Fair. Valeu, galera, sem vocês não existiria a outra metade deste livro.

Às Vozes da Minha Cabeça, que me trouxeram aonde eu estou. Que me proporcionaram aventuras, me fizeram acreditar na intuição, são parte de quem eu sou. Obrigada. Sem vocês, não estaríamos aqui. Este livro é nosso. Minhas histórias; mas vocês que escreveram.

Por fim, à Dona Pepita, ao Coração de Fúria, Cléo, Júlio e Tonho, Vozes da Minha Cabeça que hoje fizeram tanta companhia que não sei mais como é viver sem vocês. Sem mim vocês não existiriam, mas, sem vocês, eu não viveria. Obrigada por estarem comigo sempre. Amo vocês tanto, que faria de tudo para vê-los sorrir. Até rezar por...

Com todo o meu amor,
como sempre,
S. Ganeff

A gente se encontra nas próximas histórias, páginas e, quem sabe, linhas.

Esta obra foi composta em Adriane Text e DaisyWheel e
impressa em papel Chambril Avena 80 g/m² pela Imagem Digital.